吉林财经大学现代数字产业学院资助

受吉林省教育厅社会科学研究项目（JJKH20230189SK）

和吉林财经大学校级科研项目（2022YB006）资助

新创企业数字能力
与商业模式创新

Digital Capability
and Business Model Innovation
of New Ventures

董 钏 著

社会科学文献出版社
SOCIAL SCIENCES ACADEMIC PRESS (CHINA)

前　言

　　数字化重构了创业的基本要素，数字技术对企业的数字化赋能丰富了创业的内涵和结构，重构了创业机会的利用过程、资源获取过程和传统的商业逻辑，信息等资料的表现形式逐渐转变为数据形式，促进了信息在市场以及不同创业主体之间的快速传递和有效共享，传统创业过程与结果的边界在数字技术的作用下逐渐模糊。虽然数字技术的发展带来了更多的创业机会和新型的数字机会，但也限制甚至颠覆了已有的成熟商业模式，这要求新创企业不断根据新需求和新市场调整并创新其商业模式。对于新创企业而言，由于自身具有"新生弱性"，其需要更多地依赖数字能力，通过数字平台与价值网络中的其他创业主体共享信息和互补性资产，从而设计新型的商业模式。然而，学者们对数字能力的概念莫衷一是，数字能力研究尚未得到学界应有的重视，数字能力在数字环境和创业情境下如何影响企业创新活动等问题尚没有得到充分的讨论与回答。在创业实践中，新创企业基于强大数字能力进行颠覆式商业模式创新并引发整个产业变革的现象屡见不鲜，但关于数字能力对商业模式创新的影响方式和路径机制等关键问题，学界还缺少清晰的解答。数字环境的迅速变化需要新创企业基于系统的数字能力来发现数字机会并获取信息，更好地理解用户需求，并与其他创业主体互动以构建资源池，共同创造更多的数字机会，通过跨越组织边界的数字机会与资源间的复杂互动，进行创新并设计更具特色的商业模式。数字机会发现和数字机会创造在数字能力与商业模式创新的关系中具有关键的作用。此外，创业者的创业激情与手段导向对提高商业模式创新的效率和效果也具有重要影响。然而，已有研究尚未深入揭示数字能力对商业模式创新的路径机制及其边界条件。

本书基于动态能力理论、创业机会理论和创新理论，研究了数字能力对商业模式创新的推动作用，并以两者间的作用关系为模型的主线，探究数字能力对商业模式创新的影响机制。本书构建了数字能力、数字机会发现、数字机会创造、创业激情、手段导向和商业模式创新之间的关系模型，旨在揭示数字能力对商业模式创新的直接作用，数字机会发现和数字机会创造的中介作用，以及创业激情和手段导向的调节作用。本书以新创企业为研究对象，采用问卷调查方式，收集了来自北京、杭州、长春和西安四个城市的新创企业样本数据，通过 SPSS 22.0 和 AMOS 24.0 软件对所获得的样本数据进行检验和分析。研究发现，本书提出的理论假设均得到了数据支持。

因此，本书的研究结论为：数字能力对商业模式创新有积极影响，数字机会发现和数字机会创造在数字能力与商业模式创新之间起到中介作用和连续中介作用，创业激情和手段导向具有积极的调节作用。本书的研究拓展了数字能力的理论和实证研究，明晰了数字机会发现和数字机会创造的概念，将数字要素纳入创业机会的研究中，能够丰富机会发现观和机会创造观整合视角的研究。同时，揭示创业激情和手段导向的调节作用也有助于进一步明晰影响商业模式创新的边界条件，这为数字情境下的商业模式创新研究提供了新的视角。此外，本书的研究结论也为新创企业的创新和发展提供了实践启示，新创企业应当重视数字能力，积极培养和提升自身的数字能力，注重挖掘和创造数字机会，重视数字机会发现和数字机会创造在数字能力与商业模式创新关系间的影响过程，以及更加关注创业激情和手段导向的重要作用。

目　录

绪　论

一　数字时代下的创业

（一）数字化对创业的影响

随着云计算、大数据、区块链和人工智能等数字技术及其相关数字产业的迅速发展，数字成为企业发展和创新创业的重要因素（Schradie，2011）。数字转型和数字创业正在不断引领新兴产业发展、推动社会制度变迁和驱动经济增长（刘志阳等，2020）。数字要素逐渐融入了世界各国和地区的发展战略当中（Renko et al.，2012），例如：法国于2008年率先发布数字经济战略；美国发布了《支持数据驱动型创新的技术与政策》；德国通过加大投资来推动数字技术在"工业4.0"、生命科学和医疗健康领域的应用；欧盟提出了"数字技术标准和兼容性"的新方针，并在《欧盟2020战略》中明确提出了数字创业的政策愿景。在中国，习近平总书记于2017年在中共中央政治局第二次集体学习时强调，"推动实施国家大数据战略，加快完善数字基础设施，推进数据资源整合和开放共享，加快建设数字中国"。2018年发布的《中国数字企业白皮书》进一步强调了数字战略、数字技术、数字人才等数字要素对创业的关键作用，这意味着数字经济成为我国经济增长的重要推动力，数字创业更成为国家重大发展战略。

综观世界经济的发展历程，通常"新经济"的出现都能够极大地推动社会技术创新，重塑行业发展，引领创业方式（Teece，2010）。

在数字经济时代，数字技术对企业的数字化赋能彰显了智力资本的价值，信息等资料的表现形式逐渐转变为数据形式，促进了信息在市场主体以及创业主体之间的快速传递和有效共享（Stiglitz，2002），重构了传统的商业逻辑，这必然会导致数字经济时代的经济范式在深层次上发生转变，最终构建以数字创业为基础并以数字企业家为首的社会（戚聿东、肖旭，2020）。近年来，创业的内涵和形式已经发生改变，以数字创业为基础的新创企业如雨后春笋般涌现，许多新创企业通过数字技术打破了时间和空间的限制，突破了传统商业模式的束缚，凭借新型的商业模式颠覆了已有的市场规则，实现了价值的快速增值，并呈现了无与伦比的高成长性。例如，阿里巴巴、腾讯、京东、美团、小米等企业开创了数字化的创业新模式，引领了大数据和人工智能等数字技术的新应用，带来新一轮的数字风暴，成为推动数字经济高速增长的新引擎；SpaceX、长光卫星等企业成功实现了卫星科技的商用，推动了高尖端科技产业与数字化技术的深度融合，开创了卫星信息数据商业服务的新形式。然而，有些企业如乐视、锤子科技、ofo 共享单车等却在竞争中昙花一现。由此产生的一个关键问题是：面对数字化革命带来的历史机遇和重大挑战，为什么有些新创企业可以成功突破传统创业的时间和空间限制谱写创业奇迹，到底是哪些重要因素促进了这些新创企业取得创业成功并实现快速成长？

事实上，从现有成功的新创企业案例不难发现，成功的新创企业大多拥有强大的数字能力，通过变革与创新保障内部的数字能力与外部的数字环境相匹配，创造了独特的商业模式，从而获得持续成长。对新创企业而言，数字技术建立的数字化连接打破了组织内部和外部的边界，为跨界经营创造了大量数字机会，但新创企业也不得不时刻面对来自不同领域的颠覆性创新和替代式竞争（Nambisan et al.，2019）。数字能力则为新创企业在竞争中根据数字环境的变化调整企业目标、组织结构和内部管理方式提供了基础（Khin and Ho，2019）。换言之，数字化变革要求新创企业不断根据数字技术范式调整战略制定方向、资源配置方式和生产组织方式，新创企业需要依靠数字能力将内外部的数字技术、数字资源和数字机会相互融合，并对企业战略目标制定、内部管理方式、商业模式创新方向做出适应性调整，以适应数字环境的变化。因此，数字能力不仅是支撑新创企业与数字环境持续动态匹配的关键能力，也是驱动新创企业商业模式创新的重要动力（朱秀梅等，2020），对新创企业的生存和发展至关重要。然而，从现有研究进展来看，尽管新创企业基于强大数字能力进行商业模式创新并引发整个产业变革的现象屡见不鲜，但理论界和实践界对于这些现象仍如雾里看花，关于数字能力对商业模式创新的影响方式和路径机制等关键问题，已有文献还缺少清晰的解答。因此，新创企业数字能力对商业模式创新的影响机制是极具创新性和挑战性的前沿科学问题，需要从理论上深入研究，从而为解释上述复杂的创业现象提供理论支撑。

（二）问题的提出

近年来，创业研究开始突破以往系统性关注创业认知、创业决策、创业行为和创业过程的内在联系，以及融合创业者外显化特征的整合性研究，更加关注和强调创业情境的独特性（张玉利等，2018）。随着数字要素成为产业发展、社会革新、企业转型以及创新创业过程中重要的组成部分，越来越多的创业学领域学者开始聚焦数字化背景下的创业研究，注重应用新型数字创业要素和挖掘传统创业要素的数字属性，深入揭示数字创业的本质以及数字对传统创业过程的创新改变。例如，以 Nambisan（2017）为代表的学者总结了数字技术的构成要素对传统创业内涵、特征以及过程的影响，以 Steininger（2019）为代表的学者论述了数字技术对创业转型与内化机制的影响。然而，国内的创业学领域对于以数字化为背景的创业研究仍然较为匮乏，虽然中国拥有全世界最大量的互联网用户以及众多在数字应用市场和数字基础技术方面有着重大突破的企业，但国内的学者尚未从多角度、多方位、多层次深入探究关键数字要素，以及对传统创业要素之间的关系展开理论研究和实证研究，致使当前的数字创业实践现象不断突破学界对数字背景下创业过程的认知框架。

创业的过程是创业机会、创业资源和创业团队等基本要素交互影响以及相互适配的过程，而数字创业的功能实现不仅仅是传统创业要素的相互配合，更是创业基本要素的重构、拓展以及与数字要素相互协奏的过程。事实上，在数字时代下，新创企业已经很难仅依靠传统机会、资源和商业模式取得创业成功并实现快速成长（Velu and Jacob，2016）。从外部环境来看，数字技术的发展突破了时间和空间的限制，但这也限制了已有成熟商业模式的发展，新创企业需要不断调整其商业模式以匹配新需求和新市场。从企业内部来看，新创企业的数字能力对企业的生存发展尤为重要，由于新创企业自身具有"新生弱性"，它们需要更多地依赖数字能力，通过数字平台与价值网络中的其他创业主体共享信息和互补性资产，从而设计系统性的新型商业模式（Baker and Nelson，2005）。因此，新创企业在创业过程中应当积极培养自身的数字能力，发现和创造与数字技术有关的新型数字机会，重构创业资源配置过程和创业管理方式，创新并缔造符合客户需求的商业模式。

动态能力理论认为，在不断变化的创业环境下，新创企业可以通过特定的动态能力来推动企业持续的产品创新和商业模式创新（Balocco et al.，2019）。数字能力作为新创企业在数字环境下的一种特定动态能力，能够帮助企业迅速应对环境变化并开发新产品，创造性地改进管理流程，重构企业的资源结构，从而推动企业进行创新活动。Nambisan（2017）指出，新创企业能否顺利开发数字产品并创新商业模式高度依赖于自身的数字能力，数字能力是企业在数字环境下生存和竞争的关键因素，也是商业模式创新的微观基础。由此可见，新创企业需要基于数字能力提升战略灵活性并调整资源重构方式，从而实现商业模式的创新。虽然已有研究为数字能力推动新创企业商业模式创新的研究提供了思路借鉴，但从现有研究文献来看，研究视角更多地聚焦理论性和概念性探索，内容较为零散，缺少对数字能力与商业模式创新关系的理论研究，也缺乏对两者关系的实证研究。因此，深入剖析数字能力对商业模式创新的影响机制十分重要。

然而，仅依靠数字能力并不足以保证新创企业的持续成长，如何应用数字能力来实现创业过程中数字机会与资源间的复杂互动，深刻地影响着数字能力与商业模式创新之间的关系。创业机会理论指出，缺乏对创业机会的精准发现和把控会影响组织对资源的有效整合和利用，资源的依赖惯性往往会制约商业模式创新（Ray and Ray，2010）。创新理论也认为，商业模式创新需要通过重新组合创业要素得到新的价值属性（陈卉等，2019）。数字时代下的创业者更专注于持续发现和创造数字机会，通过跨越组织边界的数字机会与资源间的互动，创建更具特色的新型商业模式。数字环境的迅速变化需要新创企业基于系统的数字能力来整合、配置内外部资源，发现数字机会并获取信息，更好地理解用户需求，并与其他创业主体互动以构建资源池，共同创造更多的数字机会，降低市场风险，提高机会和资源相互匹配的效率，进行商业模式创新。因此，数字机会发现和数字机会创造可能在数字能力与商业模式创新的关系中扮演着非常重要的角色，但已有研究尚未关注和探讨数字机会发现和数字机会创造在数字能力与商业模式创新之间的关键作用路径。揭示数字能力对商业模式创新的路径机制及其边界条件，有利于进一步从过程视角明晰数字能力与商业模式创新的关系。

综上所述，数字能力作为数字化背景下创业研究的探索方向，对新创企业发现数字机会并积极创造数字机会，从而推动新创企业商业模式创新具有重要的理论和实践意义。但仅从已有的实践和理论发展来了解数字能力对商业模式创新的影响机制是不够的，还需要进一步明确以下问题：首先，在数字环境下，新创企业的数字能力对商业模式创新是否具有显著作用？具体作用路径是什么？其次，依据动态能力理论、创业机会理论和创新理论，能否将数字机会发现、数字机会创造、创业激情和手段导向作为影响因素引入数字能力与商业模式创新的关系中，深入揭示数字能力对商业模式创新的作用机制及其边界条件？最后，所涉及的变量之间的作用关系如何？是否存在显著关系？厘清这些问题对于揭示数字能力对商业模式创新的影响路径至关重要，问题的解决与否不仅关系到能否深入揭示数字能力对商业模式创新的影响，更重要的是还关系到新创企业能否应用数字能力，并以更广泛的、更易被接受的方式发现并创造更多的数字机会来解决创业过程中的难题。因此，解答这些问题以丰富创业理论成为本书的初衷。

二　研究意义

为了解决上述新创企业和创业者如何在数字环境中应用数字能力促进商业模式创新的现实问题，弥补现有理论研究的不足，本书基于动态能力理论、创业机会理论和创新理论及其相关文献的研究，构建了数字能力对商业模式创新影响的理论模型，探讨了数字能力对商业模式创新的影响作用和路径机制及其边界条件，并通过大样本数据调研进行实证分析和结果讨论，这对于丰富创业理论以及指导数字创业实践具有重要的价值。

（一）理论价值

第一，本书探讨了数字能力对商业模式创新的影响作用，丰富了数字能力与商业模式创新的相关研究。随着数字经济的发展，数字能力已成为新创企业获取可持续竞争优势的关键要素，对企业生存、发展以及数字化转型都极为重要。然而，现有研究却对此关注不足，对于数字能力的本质内涵和特征，以及数字能力在数字环境和创业情景下如何影响企业创新活动等问题尚没有充分讨论与回答，对数字能力的研究尚处于基础理论阶段，缺乏实证研究来验证理论，相关研究框架也亟须搭建。因此，本书在梳理数字能力的内涵、特征以及相关研究的基础上，从战略与动态性视角探讨了新创企业如何应用数字能力有效进行商业模式创新。本书不仅有助于进一步明确数字能力的理论研究基础，还有助于揭示数字能力与商业模式创新之间的影响机制，丰富数字能力和商业模式创新的理论研究。

第二，本书探讨了数字机会发现和数字机会创造在数字能力与商业模式创新关系间的中介作用机制，丰富了数字机会的相关文献。在管理实践中，数字机会随着数字技术的进步而迅速增加，但国内外研究对新创企业如何发现、利用和创造数字机会的研究还不够深入，对数字机会发现与数字机会创造的研究还处于理论阶段，缺乏大量的实证研究来验证理论，也缺少对数字机会发现和数字机会创造的形成机制和影响作用的研究。本书讨论了数字机会与传统创业机会之间的联系与区别，厘清了数字机会发现和数字机会创造的概念内涵和边界范围，并将数字机会发现和数字机会创造引入了数字能力与商业模式创新的关系中，从过程视角探讨其在数字能力与商业模式创新关系中发挥的作用，丰富了数字机会发现和数字机会创造的研究，也回应了学者们提出的对数字机会进行深入研究的呼吁（Hull et al.，2007）。

第三，本书揭示了数字机会发现和数字机会创造在数字能力与商业模式创新关系间的连续中介作用，进一步丰富了数字能力对商业模式创新影响的路径机制研究。已有研究指出，机会发现与机会创造并非完全独立，机会发现可能会逐渐转向机会创造（González et al.，2017）。尽管已有学者探究了机会发现观和机会创造观的整合过程（Shane and Venkataraman，2000），但如果不能充分说明不同活动之间的关联以及发挥作用的顺序，便难以解释为什么有的新创企业面对数字机会可以迅速发展，而有的新创企业却在竞争中昙花一现。事实上，数字机会发现过程中所挖掘的机会价值和资源价值能够为数字机会创造过程提供认知依据和行动基础，使新创企业根据自身和行业的力量因势而创，创造更多的数字机会。因此，本书从机会发现观以及机会创造观整合的视角出发，探索了数字机会发现与数字机会创造之间的影响关系，并试图揭示数字机会发现、数字机会创造在数字能力与商业模式创新关系间的连续中介作用。这不仅有助于数字机会研究突破聚焦单一视角的局限，推动数字情境中机会发现观和机会创造观从对立视角向整合视角的转化，也有利于进一步揭示数字能力与商业模式创新关系的复杂中介机制。

第四，本书探讨了创业激情和手段导向的调节作用，揭示了数字能力通过数字机会发现、数字机会创造影响商业模式创新的边界条件。学者 Shane 和 Venkataraman（2000）认为，创业活动是创业者与创业机会的结合过程。越来越多的学者也发现，创业者的主观因素对新创企业能否有效发现、识别、创造和利用创业机会至关重要（Baron，2008；Murnieks et al.，2014；Cardon et al.，2009）。然而，已有研究尚未对创业者的主观因素（如经验、知识、情绪、认知、思维逻辑等）在新创企业发现、识别、创造以及利用数字机会过程中发挥的作用进行深入挖掘。本书引入创业激情和手段导向作为调节变量，探讨了创业激情在数字能力与数字机会发现、数字能力与数字机会创造关系间的调节作用，以及手段导向在数字机会发现与商业模式创新、数字机会创造与商业模式创新关系间的调节作用。这一研究揭示了数字能力通过数字机会发现、数字机会创造对商业模式创新影响效应的边界条件，为探索新创企业数字能力对商业模式创新的影响提供了新的研究视角。

（二）现实意义

数字技术的应用与发展正在影响并从根本上改变着社会、经济以及生活和创业的方式。数字化的新服务、新产品、新组织架构以及新商业模式不断涌现，数字要素不仅正在深刻影响着社会和经济的结构，也在微观层面影响着企业的行为范式和业务模式（蔡莉等，2019）。如何在技术快速更迭和市场迅速变化的数字环境中培养和应用数字能力以寻求持续发展，成为现实中新创企业不得不面对的重要问题。因此，本书探讨新创企业数字能力对商业模式创新的影响具有重要现实意义，为新创企业确定创业方式和运营管理模式提供了一定的现实依据，主要包括以下三个方面。

第一，本书有助于新创企业的创业者重视培养和提升企业的数字能力，关注数字能力对商业模式创新的积极作用。数字能力是新创企业通过数字平台获取关键信息、开展需求分析以及有针对性地与用户和其他创业主体进行互动和交流的基础。本书对数字能力的内涵和特征进行梳理，能够帮助新创企业明晰数字能力的重要作用，驱动其积极培养数字能力、进行商业模式创新并建立独特的竞争优势，这对于新创企业突破传统创业行为惯性、进行创新活动具有现实的指引意义。

第二，本书有利于帮助新创企业关注数字机会，注重发现数字机会并创造数字机会，重视数字机会发现和数字机会创造在数字能力与商业模式创新关系间的关键作用。数字要素与传统要素的融合改变了已有创业机会的边界，数字机会已成为新创企业在数字环境中进行创业活动的关键，如何将数字机会的潜在价值转变为现实价值是新创企业需要考虑并解决的重要问题。一方面，新创企业可以通过培养数字能力来挖掘和发现多样化的数字机会，增加产品和服务的数字化特性，更新并完善已有商业模式。另一方面，新创企业可以基于数字能力与多主体展开深层次互动和学习，共同创造大量的数字机会，通过创造具有更大价值创造潜力且更难以被模仿的数字机会来更有针对性地进行商业模式创新。此外，新创企业可以根据数字机会的价值重新调整数字机会和资源的匹配方式，引领数字机会的创造方向，从而提升数字机会发现和数字机会创造的效果，灵活地创新商业模式以匹配市场需求，保障自身的数字化创新和发展。

第三，本书有益于帮助新创企业的创业者正确认知并应用创业激情和手段导向来提升商业模式创新的效果。数字能力可以帮助新创企业发现并创造数字机会，推动商业模式创新，但数字能力的培育和应用往往需要创业者保持创业激情。并且，指导数字机会和资源的匹配也需要创业者运用已有手段推动企业内部信息和知识的高效率传递与共享。本书的结论表明，拥有高水平创业激情的创业者往往更为主动和投入，这能够增强数字能力对数字机会发现和数字机会创造的积极影响。同时，创业者也能够运用手段导向提升数字机会和资源的匹配效果，增强数字机会发现和数字机会创造对商业模式创新的促进作用。因此，新创企业的创业者需要认知并积极运用创业激情和手段导向，以提升商业模式创新的效果。

三　主要研究内容

数字能力在新创企业的创业和发展过程中发挥着越来越重要的作用，然而，目前学术界对数字能力的影响作用，及其对新创企业商业模式创新的影响机制尚未有深入的理论研究和系统的实证检验。本书针对现有理论研究不足和新创企业创新发展的现实需求，在已有研究成果和文献的基础上，结合动态能力理论、创业机会理论和创新理论，构建了数字能力、数字机会发现、数字机会创造、创业激情、手段导向和商业模式创新之间关系的理论模型，揭示了数字能力对商业模式创新的影响机制，明晰了数字能力与商业模式创新之间的作用机制及其边界条件，为新创企业培育和提升数字能力，发现并创造数字机会以推动商业模式创新提供有效的理论参考和决策支持。

本书的具体研究目标为：①从战略视角和动态性视角探索数字能力对商业模式创新的直接影响；②探讨数字机会发现、数字机会创造在数字能力与商业模式创新关系间发挥的中介作用，并从机会发现观和机会创造观的整合视角讨论数字机会发现和数字机会创造的连续中介作用；③分析创业激情在数字能力与数字机会发现、数字能力与数字机会创造关系间的调节作用，以及手段导向在数字机会发现与商业模式创新、数字机会创造与商业模式创新关系间的调节作用。

本书按照实证研究规范，从绪论、理论基础与文献综述、案例研究与理论模型构建、研究假设的提出、研究设计、实证分析与结果讨论、结论与展望共 7 个部分展开研究。

绪论。本部分针对数字环境下新创企业生存和发展的实际需求，以及现有理论研究对数字创业要素和创业过程关注不足的现实问题，阐明了本书的实践背景、理论背景、现实意义和理论意义，提出了本书的主要研究问题，即数字能力对商业模式创新的影响路径与影响机制。同时，对本书的具体研究内容进行了详细的安排，介绍了研究过程中所应用的研究方法和研究技术路线。

第一章，理论基础与文献综述。本章通过对动态能力理论、创业机会理论和创新理论的梳理和分析，总结了基础理论在本书中的应用，并以相关理论为基础阐释了本书中主要变量的理论联系。本章对研究中的主要变量，即数字能力、数字机会发现、数字机会创造、商业模式创新、创业激情和手段导向的现有文献进行了综述，总结并阐述了已有研究的主要观点，对相关研究进展和理论不足进行了评述，为本书提供了理论支撑。

第二章，案例研究与理论模型构建。本章基于案例研究方法，依据案例数据对数字能力、数字机会发现、数字机会创造、创业激情、手段导向和商业模式创新等变量进行清晰的概念界定，并结合理论研究和案例分析结果构建本书的理论模型。

第三章，研究假设的提出。本章基于建立的理论研究模型，探讨了数字能力、数字机会发现、数字机会创造、商业模式创新、创业激情和手段导向等变量间的逻辑关系，揭示了各变量间的作用关系和影响机制，并提出了本书的 13 条理论假设。

第四章，研究设计。本章根据问卷设计的基本原则，结合对数字能力、数字机会发现、数字机会创造、商业模式创新、创业激情和手段导向等变量的理论研究以及各变量的已有测量量表，通过初始量表设计、量表问项甄选、讨论与修改以及预调研等步骤，设计并优化调查问卷，最终确定正式的调查问卷。

第五章，实证分析与结果讨论。本章对来自北京市、长春市、西安市和杭州市的新创企业进行正式调研，通过发放调查问卷、回收问卷、筛选问卷和数据整理等步骤，确定 389 份有效样本并进行实证分析。本章运用 SPSS 22.0 和 AMOS 24.0 软件对有效样本数据进行同源方法偏差检验、信度检验、效度检验、描述性统计分析和相关性分析，在确定样本数据有效性的基础上，对本书提出的理论假设进行了回归分析检验。根据回归分析的检验结果，对理论假设进行了结果分析与讨论。

第六章，结论与展望。本章在理论分析和实证检验的基础上，总结了本书的研究结论，并结合已有文献提出了本书的创新性。在研究结论的基础上，针对数字环境下新创企业可能存在的现实问题提出了管理实践启示。同时，本章也剖析了研究的局限和不足，并提出了未来的研究方向。

四 研究方法与技术路线

本书利用定性研究和定量研究方法，探讨新创企业的数字能力、数字机会与商业模式创新之间的关系。目前，学术界对数字能力、数字机会以及数字情境下的商业模式创新尚未有系统性的理论研究，更鲜有实证研究，本书综合运用文献研究、案例研究、问卷调查和实证研究等多种研究方法，分别从理论研究和实践调查入手，深入挖掘新创企业的数字能力、数字机会发现、数字机会创造、创业激情、手段导向和商业模式创新之间的作用关系。

文献研究：本书以动态能力理论（Dynamic Capabilities Theory）、

创业机会（Entrepreneurial Opportunity）、数字机会（Digital Opportunity）、创新理论（Innovation Theory）、数字能力（Digital Capability）、数字机会发现（Digital Opportunity Discovery）、数字机会创造（Digital Opportunity Creation）、商业模式创新（Business Model Innovation）、创业激情（Entrepreneurial Passion）和手段导向（Effectuation）为关键词进行文献检索，通过国内外主流的文献数据库搜索相关文献，并对相关文献进行整理、分析和总结，为更深入的理论梳理和实证研究奠定基础。

案例研究：本书采用探索性多案例研究方法，运用理论知识，结合新创企业创业活动的案例数据，进一步明确研究的具体问题。通过实地观察、深度访谈等收集一手资料，结合相关文献、网络新闻、官方报告等二手资料，对4家具有典型特征的数字新创企业进行案例研究，提炼并界定相关变量的概念，深度剖析和挖掘变量间的内在关系，构建理论模型。

问卷调查：本书对相关量表进行双向翻译，邀请相关研究领域的专家对问卷提出意见，根据意见进行修改，并进行预调研以进一步修正问卷的语言和内容，最终形成正式调查问卷。采用时滞调研方式，通过电子邮件、纸质问卷、QQ、微信等形式将问卷发放给调研对象，经过问卷回收、问卷筛选和数据整理等步骤，确定最终的研究数据。

实证研究：本书运用 SPSS 22.0 软件和 AMOS 24.0 软件对调研数据进行同源方法偏差检验、信度检验、效度检验、描述性统计分析和相关性分析，在确定数据有效性的基础上对数据进行回归分析，以验证本书提出的理论假设。本书对样本数据进行严格验证和分析，结合理论假设与数据结果，深入讨论了各变量之间的作用关系，从而得出科学严谨的研究结论。本书的技术路线如图 1 所示。

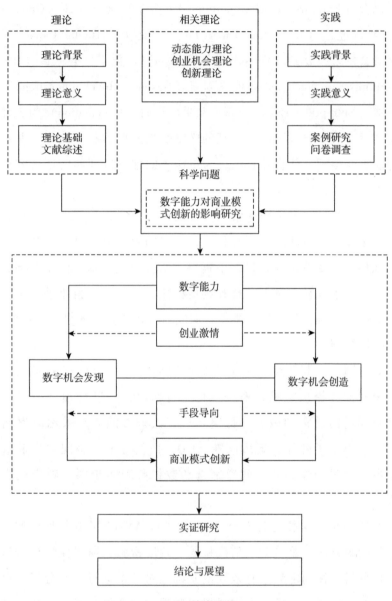

图 1　技术路线

第一章　理论基础与文献综述

本章通过梳理相关理论基础，系统性回顾和总结了相关文献，分析了相关理论即动态能力理论、创业机会理论和创新理论在本书中的应用，明晰主要变量数字能力、数字机会发现、数字机会创造、创业激情、手段导向和商业模式创新的理论进展和发展脉络，为本书的理论模型构建、假设检验和实证研究提供重要的理论支撑。

第一节　理论基础

本书以动态能力理论、创业机会理论和创新理论为理论基础，通过对已有文献进行系统性回顾，梳理了理论的产生和发展过程，阐述了理论的核心思想和研究视角，总结了基础理论在本书中的应用。

一　动态能力理论

（一）动态能力理论的内涵

20世纪80年代初期，战略管理学界提出了企业能力理论。随着企业能力理论研究的不断拓展和丰富，学者们对企业能力理论进行了持续的深化与补充。Teece和Pisano（1994）在企业能力理论和战略观的基础上，首次将"动态"的观点引入企业能力的研究中，提出了企业动态能力的概念，并构建了相应的分析框架。动态性特征极大地丰富了企业能力理论，弥补了理论的不足，并逐步推动企业能力理论发展成为动态能力理论（Dynamic Capabilities Theory）。动态能力中的"动态"强调企业为了与动态变化的外部环境保持一致而进行的延续或重构自身胜任力的过程，而"能力"则强调战略管理在正确处理、整合和重构企业内外部组织知识、资源和技能以适应环境变化方面的关键作用（孟晓斌等，2007）。动态能力理论提出，企业的动态能力是企业持续创新并获得持久竞争优势的动力，也是企业生存和发展必不可少的重要能力（黄江圳、谭力文，2002）。有别于以往企业能力理论强调企业应当重视构建更高级的、可习得的、模式化的、重复的行为集合（Nelson and Winter，1982），动态能力理论更强调企业应当注重培养和保持其获取竞争优势的能力（Teece et al.，1997）。拥有高动态能力的企业会不断根据环境的变化而持续优化企业的能力或生成一种新的能力，从而推动企业资源的有效整合和合理配置，并通过识别和开发新的市场机会而培育竞争优势，具有低动态能力或不具备动态能力的企业则会因为无法适应外部环境的持续变化而失去生存的机会和资源（Teece，2007）。

动态能力包括组织和管理流程、企业资产定位和企业发展路径三方面内容，即 3P 模型（Teece et al.，1997）。组织和管理流程包含整合能力、学习能力和配置能力，是指企业进行管理、实践和学习的方式或惯例；企业资产定位是指企业当前拥有的科技禀赋、专用性的厂房和设备、知识资产及互补性资产、信誉资产和关系资产等；企业发展路径是指有利于企业战略选择和未来发展的过程和状态，企业在发展过程中存在着路径依赖性。Teece 等（1997）的研究构建了一个较为完整的动态能力理论框架，使动态能力成为一个解释企业生存和发展的研究方向。动态能力是企业的一种高阶能力，表现为通过创造新产品和新流程来应对不断变化的外部环境的胜任力或能力。Eisenhardt 和 Martin（2000）以及 Zahra 和 George（2002）的研究则更强调动态能力构建、整合并重构组织内外部已有资源的过程，并认为企业的动态能力表现为战略惯例或变革导向型能力。Zollo 和 Winter（2002）以及 Wang 和 Ahmed（2013）的研究认为动态能力不仅是革新企业核心能力的能力，更可以表现为一种稳定的集体学习模式，该模式能够使企业系统地创造并调整运营管理，从而提升企业效能并追求更高效益。综观动态能力理论的发展过程，对动态能力的研究遵循从高阶能力观到整合观，再到过程机制观和学习观的逻辑演进过程（孟晓斌等，2007）。

（二）动态能力理论的研究视角

国内外学者对动态能力理论进行了更为深入的探索和更为丰富的研究，动态能力理论得到了极大的拓展，学者们从不同的视角和各自的研究目的出发对动态能力进行了分析，动态能力的研究视角主要包括整合视角、过程视角和学习视角（孟晓斌等，2007）。

1. 整合视角

Teece 等（1997）提出，动态能力其实是一种对组织现有资源和能力进行重新配置和整合的机制，该研究将动态能力界定为三个具有可操作性的维度，即流程、定位和路径。Schreyögg 和 Kliesch-Eberl（2007）在总结并深化 Teece 等（1997）提出的企业动态能力理论框架的基础上，提出动态能力模型既应包含静态战略要素，也应该包括推动企业持续发展的动态过程特征。随后，Teece（2007）的研究又从多领域的角度对该动态能力整合模型进行了拓展和丰富，强调了感知、捕获和转换过程的重要性，并提出了动态能力的核心要素，如图 1.1 所示。

2. 过程视角

从过程视角出发，学者认为动态能力并不仅仅是理论层面的概念，它包括具体的战略和组织过程，能够帮助组织管理资源并创造价值。有学者认为，动态性特征是企业动态能力的核心，动态性是企业持续发展、提升自身能力并适应范式变化的关键（Schreyögg and Kliesch-Eberl，2007），企业的动态发展既应该包括能力实践过程，也应该包含动态调整过程，这两个过程缺一不可（孟晓斌等，2007）。能力实践

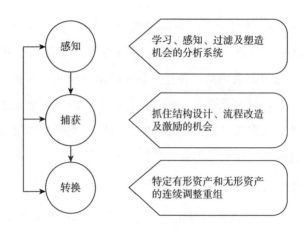

图 1.1　动态能力的组织和管理过程

资料来源：根据相关文献整理。

过程和动态调整过程是两个相辅相成的过程，既能够保证企业持续而稳定地增强组织能力，同时也能够不断调整组织结构及发展方向（Schreyögg and Kliesch-Eberl，2007）。动态能力的双重过程模型如图1.2所示。

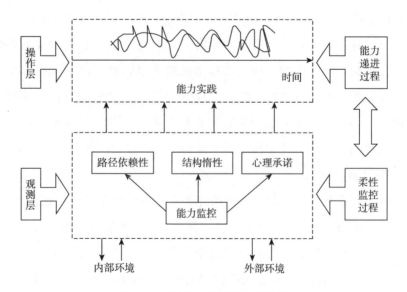

图 1.2　动态能力的双重过程模型

资料来源：根据相关文献整理。

3. 学习视角

从学习视角出发，学者认为学习过程是开发、利用和发展动态能力的关键因素。Zahra 等（2006）研究指出，企业必须通过试验、试错、学习、即兴发挥等方式应对环境的变化。动态能力的出现在很大程度上取决于组织学习功能的演变，以及知识的获取、共享和利用。Zollo 和 Winter（2002）提出从组织学习视角分析企业动态能力，既可以防止动态能力研究专注于个体能力的倾向，又可以发掘动态能力过程和规则等方面的特性。该研究认为学习过程、动态能力与知识管理之间有着紧密互动的关系，有准备的组织学习过程通过经验积累、知识表达和知识编码三种机制来推动过程研发、流程再造、胜任力重构和资源整合，进而推动企业原有运营规则的演进，所以企业动态能力来源于组织的学习过程，如图 1.3 所示。

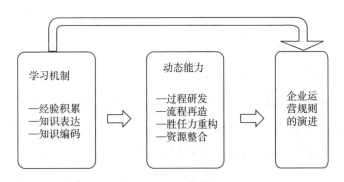

图 1.3　学习机制、动态能力与规则演进
资料来源：根据相关文献整理。

（三）动态能力理论在本书的应用

本书关注动态能力理论在创业领域的应用。动态能力理论强调对资源的重新配置，企业能否建立并保持竞争优势取决于企业是否能够对环境变化做出快速反应（Teece et al.，1997）。数字技术的快速发展加剧了创业环境的变化，在日益变化的数字环境中，动态能力成为一个更适合的理论视角，基于这个视角，能够更深入地了解和探究企业生存和发展的过程（庄彩云等，2020）。Khin 和 Ho（2019）认为数字能力是企业的一种动态能力，是在开发数字新产品过程中应用数字技术和管理专业知识的能力。根据动态能力理论，企业的创新活动会受到企业动态能力的影响（Wang and Ahmed，2013），特定的动态能力能够推动企业的创新活动，尤其是在数字时代，创业过程更注重新创企业对核心能力的动态提升，需要企业拥有不断根据环境的变化而持续获得竞争优势的动态能力（朱秀梅等，2020）。因此，动态能力理论为本书探索新创企业数字能力对商业模式创新的影响机制提供了理论基础。

二 创业机会理论

（一）创业机会的内涵

20 世纪 80 年代末期，学者们开始关注机会在新企业创建过程的重要作用，试图揭示新企业如何而来。20 世纪 90 年代末期，以机会为核心、以价值创造为导向的机会学派诞生并迅速发展，该学派的学者们提出创业的本质在于价值创造，而价值创造来源于将机会的潜在价值转变为现实价值的开发活动。Shane 和 Venkataraman（2000）认为，创业机会是一种可以为经济系统引入新产品、新服务、新生产原料的新生产方式，创业研究应该探索创业机会从何而来，以及创业者如何把握创业机会。自此以后，机会学派迅速成为创业研究的主流学派，认知理论、战略理论、组织理论和行为科学等多个学科理论也被广泛用于揭示创业活动的规律。

近年来，有关创业机会的研究取得了长足的进展，然而，学者们对于创业机会的来源却莫衷一是，对于创业机会是客观发现还是主观创造仍未有统一结论。以 Shane（2012）为代表的机会客观派认为，创业机会是先于创业者意识的客观存在，需要聪慧的创业者将其从客观环境中挖掘出来。以 Alvarez 等（2015）为代表的机会主观派则认为，创业机会是创业者主观创造的产物，并不能独立于创业者而存在，甚至机会很可能是创业者实践能力和创造性想象能力的衍生物。

（二）创业机会理论的研究视角

创业机会是创业活动的核心要素，但学界对于创业机会究竟是创业者客观发现还是主观创造仍未有定论，由此产生了机会发现观和机会创造观这两个相对独立而又对立的学派（张玉利等，2018）。机会发现观和机会创造观是两个不同的理论视角，反映了不同学派不同的本体论立场。机会发现观强调机会是独立的且客观存在的，需要创业者在市场中系统地搜索信息并发现创业机会，发现观反映了现实主义立场。机会创造观则强调机会是创业者以及创业企业通过创业活动创造或是社会建构的，创造观反映了建构主义的立场。机会发现观和机会创造观不同范式下的研究都产生了极为丰富的成果，但不同视角下的创业机会研究仍是学界讨论的焦点。

1. 机会发现观

Kirzner（1997）提出，机会发现的过程既不是完全遵循标准搜索理论的探索行为，也不是创业者凭运气意外收获的过程，而是介于两者之间的有意识的搜索进而发现机会的过程，这个过程与创业者的内在警觉性密切相关。Shane 和 Venkataraman（2000）认为，创业机会是客观存在的，机会主要产生于市场失衡且具有可赢利性，其独特之处在于创业者能够在手段与目的的关系中发现新的组合，但是机会的识别是个体的主观过程，并不是所有人都能发现机会。在信息完备但不对称的条件下，客观存在的机会需要被发现，机会能否被发现取决于创业者的创业警觉性、所掌握的相关信息、识别机会的能力（如先前经验或知识）以及机会本身的属性。因此，机会发现观将创业机会定义为一种客观存在的现象，是外部市场或行业受到冲击形成的，创业者能够依靠警觉性、所掌握的信息以及识别机会的能力来发现创业机会（毕先萍、张琴，2012）。

2. 机会创造观

机会创造观认为，创业机会源于创业者或新创企业重新配置资源的创造性过程，其行为过程的目的在于塑造机会，并且结果存在不确定性（彭秀青等，2016）。学者们认为，创业机会并不能被预测，而创造出的机会也并不一定符合预期的结果，当机会真正被创造出来后，才能真正了解创业机会的属性和特点（Alvarez et al. , 2015）。Chandler等（2011）指出，机会本质上是创业者思想和意识的产物，机会是创业者发挥创造力并实施行动后的结果。Dutta 和 Crossan（2005）以及 Sarasvathy（2001）等学者强调了创业者在机会出现过程中的积极作用，并指出机会的发掘高度依赖于创业者的认知和看法，如果供给和需求并不清晰或不存在，则需要创业者在市场中创造产品来保证机会的产生。Dimov（2011）也认为，机会可以表示为一种不断发展的观念，这些观念是由不同阶段的社会互动、创造性洞察力和行动所驱动和塑造的。Alvarez 和 Barney（2014）认为，机会是创业者有目的地实施试验活动和学习活动而被创造出来的。因此，机会创造观将创业机会定义为一种主观现象，并指出机会是创业者行动和努力的结果，而机会创造的过程是创业者实施内生性的创业行为以及创业者与环境互动的过程。

（三）创业机会理论在本书的应用

创业机会理论阐述了创业机会对创业活动的重要作用，强调了机会的核心作用以及价值创造的导向作用。创业机会理论认为，组织形式的差别源于其业务属性的不同，这种业务属性在组织形成之初就是一种有助于为顾客带来价值的机会，识别新的机会并创造机会往往能够实现价值的创造，发现机会并创造机会来推动有效的组织活动是价值创造的基础（杨俊，2013）。在数字环境下，新创企业需要基于数字能力建立新产品与数字机会、资源、流程和战略之间的有效联系，准确地发现、利用并把握机会，提升企业创新活动的动态效率，保障持续的产品创新和商业模式创新，从而更好地应对环境变化（Nambisan，2017）。创业机会理论为本书的研究提供了相关理论基础，具备数字能力的企业更能够挖掘和发现数字机会。

三　创新理论

（一）创新理论的内涵

创新理论（Innovation Theory）最早源于美国哈佛大学教授约瑟夫·熊彼特（Joseph Schumpeter）于 1912 年出版的《经济发展概论》。Schumpeter（1947）认为，创新是指把一种新的生产要素和生产条件的新组合引入生产体系，建立一种新的生产函数。创新应该包括五种形式，即引入一种新产品、采用一种新的生产方法、开辟新市场、获得原料或半成品的新供给来源以及建立新的企业组织形式。熊彼特认为，创新和发展并非从企业的外部而来，而是从企业内部自发形成的，这实际上强调了创新过程中企业自身的本源驱动和核心地位。

（二）创新理论的分类

随着学界对创新理论研究的深入，国内外学者研究发现，创新是一项系统性工程，是企业对各种生产要素的系统集成。学者们基于不同的研究视角，应用不同的研究范式，极大地丰富了创新理论的研究成果（Christensen and Raynor，2003）。然而，根据不同的创业目标和创业过程，新创企业进行的创新活动和创新模式也存在差异。因此，学者们区分了不同的创新类型，主要包括持续性创新、激进式创新、突破性创新和颠覆性创新（陈卉等，2019）。

1. 持续性创新

持续性创新是指基于已有的价值网络，针对主流市场的现有客户，对客户重视的技术属性、产品属性或商业模式进行稳定而持续的创新，也是对现有性能的延伸改进。持续性创新能够为客户提供更多或更好的产品或服务，进而强化一个行业的既定产品性能轨迹（Christensen and Raynor，2003）。持续性创新建立在企业已有价值网络的基础上，不需要企业改变其战略方向。

2. 激进式创新

激进式创新是指突破现有技术轨迹和产品形态，对技术原理、产品设计以及服务理念进行创新的一种创新方式。虽然激进式创新并不拘泥于主流市场，可以面对新兴市场（Govindarajan and Kopalle，2006），但该创新方式往往更聚焦主流消费者看重的技术和产品发展方向。有别于其他创新方式，激进式创新更注重全新的技术发展，并基于新技术来开发新产品。

3. 突破性创新

突破性创新是指对已有技术、产品或服务进行突破和转变的创新方式。突破性创新往往并不拘泥于已有的用户需求，而是关注尚未被主流消费者意识到的潜在需求，表现为对全新技术的研发、对已有知识的创新应用以及对产品或生产工艺的突破性革新（O'Connor and DeMartino，2006）。

4. 颠覆性创新

颠覆性创新是一种专注于开发主流市场忽略的新颖想法或产品性能的创新方式。颠覆性创新往往扎根于低端市场，以更低的成本提供产品和服务，凭借对产品性能属性的快速提升，持续地向高端市场的竞争对手发起挑战，甚至最终取代现有技术和产品（Christensen and Raynor，2003）。颠覆性创新更强调提供简单、可获得、可负担得起的产品和服务（Bergek et al.，2013），更重视低端市场或新型市场客户的价值体验，更注重改进产品的关键价值属性以匹配用户的潜在需求（Govindarajan and Kopalle，2006）。颠覆性创新是一种从现有业务中悄然兴起的技术、产品或过程，可以表现为一项成功的开拓性产品、服务或商业模式，该理论解释了为何许多主流市场企业在竞争中会被实力弱小的非主流市场的新创企业所颠覆（Si et al.，2015）。

（三）创新理论在本书的应用

创新理论认为，创新与创业成功息息相关。在创业研究领域，越来越多的学者开始关注创新理论在创业过程中的重要作用。有学者认为，商业模式创新的过程是不同于技术创新的新的表现形式，它并不等同于传统的过程、产品和组织创新，新颖的商业模式可能成为行业颠覆的来源（Ghezzi and Cavallo，2020；云乐鑫等，2013）。对于数字时代下的新创企业而言，数字技术的快速发展更易于改变新创企业的价值主张、赢利方式、战略方向、伙伴界面和组织结构等方面的创新过程，从而必然会催生新的商业模式，这种商业模式的创新更贴近颠覆性创新方式。同时，Schumpeter（1947）认为，创业机会是创新的载体。数字时代下的商业模式创新过程不局限于新创企业本身，而是可以调动更多的创业主体参与到机会发现、机会创造以及创新的过程中，打破现有优势企业的竞争优势。而且，在创业实践中，越来越多的新创企业会基于自身的数字能力和技术创新，挑战市场上现有的价值主张，更聚焦于发现并把握数字机会，这种改变所带来的数字机会和资源的配置方式会影响到新创企业的创新过程。此外，有学者提出，创业者的积极情感和决策逻辑等主观因素也会对新创企业的创新过程产生影响（Baron，2008）。因此，创新理论为以新创企业为研究对象的商业模式创新研究提供了理论基础，也为创业者情感因素、决策逻辑因素与商业模式创新之间的关系提供了理论支撑。

第二节 相关文献综述

一 数字能力相关研究

（一）数字能力的内涵

近年来，随着大数据、机器学习、人工智能、物联网、云计算、区块链等数字技术的蓬勃发展，数字能力得到了越来越多学者的关注。在管理和创业研究领域，数字能力（Digital Capability）是数字时代下组织获取可持续竞争优势的关键要素（Ross et al.，1996；庄彩云等，2020），是企业根据环境变化迅速采取应对策略的一种数字化动态能力，对新创企业的生存发展以及传统企业的转型发展都极为重要（朱秀梅等，2020；Ferreira et al.，2019；Levallet and Chan，2018）。

数字能力的理论发展并非"空中楼阁"，其内涵和概念源于学者们对企业信息技术能力和动态能力的研究。信息技术能力（Information-tion Technology Capability）是企业用于获取、处理和传输信息以进行更有效决策的技术能力（Sanders and Premus，2005），动态能力则是企业整合、重构和建立内外竞争力以实现与动态变化的环境相匹配的能力（Teece et al.，1997）。Westerman 等（2012）的研究指出，数字能力是企业改变客户体验、优化运营流程和更新业务模型的基础，不仅包含对信息技术的开发和应用能力，还包括从大数据中获取价值的分析能力。Levallet 和 Chan（2018）的研究指出，企业的数字能力包含信息技术能力以及信息管理能力，信息技术能力是组织专注于可扩展、可适应和模块化的数字技术的能力，信息管理能力是企业通过收集、处理、存储、创建、产生、分发等过程来动态管理信息的能力。Khin 和 Ho（2019）将数字能力定义为新创企业在数字环境下的一种特定动态能力，是企业在开发数字新产品过程中应用数字技术和管理专业知识的能力。拥有数字能力的企业更愿意采用数字技术，并能够致力于将数字技术转化为数字新产品。庄彩云等（2020）通过对平台型企业利用互联网基础设施构建数字生态的研究，认为企业的数字能力主要表现为网络化情境下的互联网能力。朱秀梅等（2020）的研究指出，新创企业的数字能力是创业者制定战略、识别机会、重构资源并推动数字创业活动的综合能力。数字能力的相关概念如表 1.1 所示。

综上所述，学者们根据各自的研究目的和视角提出了对数字能力内涵的不同理解，但已有文献普遍认为，数字能力不仅仅是一种对数字技术的应用能力，也体现为企业内外部技术、资源、机会与能力相互结合、彼此协调以适应数字环境变化的一种动态能力。

表 1.1　数字能力的相关概念

文献来源	相关概念
Westerman 等，2012	数字能力是指企业改变客户体验、优化运营流程和更新业务模型的基础，包含对信息技术的开发应用能力和从大数据中获取价值的分析能力
Levallet 和 Chan，2018	数字能力是指企业的信息技术能力和信息管理能力
Khin 和 Ho，2019	数字能力是指企业在开发数字新产品过程中应用数字技术和管理专业知识的能力
庄彩云等，2020	数字能力是指企业利用互联网相关的基础设施、资源与平台实现企业目标的能力
朱秀梅等，2020	数字能力是指创业者制定战略、识别机会、重构资源并推动数字创业活动的综合能力

资料来源：根据相关文献整理。

（二）数字能力的前因变量

从已有文献来看，虽然数字能力得到了越来越多学者的关注，但是相关研究仍相对较少，数字能力的前因变量主要包括数字素养、数字技术、数字工具等。

具体而言，王佑镁等（2013）强调了数字素养对培育数字能力的重要性，数字素养能够使创业者快速有效地发现并获取、评价、整合和交流数字信息，积极促进个体数字能力的形成与发展，数字素养是数字能力的基础。Nambisan（2017）的研究指出，数字技术是企业提升数字能力的关键，数字技术激发了传统创业要素的数字属性，对创业活动的赋能过程促进了企业不断培育并提升其数字能力，从而创造更符合时代发展需求的创业模式。李扬等（2021）的研究则认为，对社交媒体、开源软件、众筹平台等基于数字技术的数字工具的应用不仅提升了企业家的数字能力，也减少了发明与价值创造的障碍。

（三）数字能力的结果变量

从已有文献来看，数字能力的结果变量主要包括即兴管理过程、数字机会开发、数字创新、企业绩效和战略柔性等。具体而言，Levallet 和 Chan（2018）研究指出，数字能力在有限的即兴管理情况下尤其重要，数字能力有利于领导者迅速对高不确定性及突发事件进行回应，帮助其快速且创造性地改进管理流程。Pergelova 等（2019）认为，企业的数字能力决定了其自身的战略方向，进而影响了企业能否较好地应用数字技术以及是否能有效地识别和开发数字机会。朱秀梅等（2020）指出，数字能力是数字创业的基础，也是决定企业如何开发并利用数字机会的关键能力，并认为，数字机会来源于数字技术与数字能力的互动。Khin 和 Ho（2019）通过对马来西亚 105 家信息通信技术中小企业的研究，探究了数字能力、数字导向、数字创新以及企业绩效之间的关系，研究发现，数字能力可以促进企业的数字创业活动，同时数字能力也可以提升企业绩效。庄彩云等（2020）的研究认为，新创企业的数字能力能够对平台型企业的战略以及信息等资源的共享方式产生影响，从而提升企业的战略柔性。

（四）数字能力的相关研究评述

通过上述相关文献可知，数字能力逐渐得到了学者们越来越多的关注，得益于数字创业相关研究和理论的快速发展，数字能力的概念和内涵不断丰富，相关的理论和实证研究取得了明显进展。虽然数字能力的重要性在创业实践中日益凸显，但其理论研究起步较晚，相关的实证研究依然相对匮乏且比较分散，导致数字能力的研究进展缓慢且存在着一定的局限性。首先，学界对于数字能力的内涵尚未形成统一的认识，绝大多数学者集中于探讨互联网技术对数字能力的影响，对大数据、云计算以及区块链等数字技术背景下企业数字能力的研究很少。其次，已有文献对数字能力影响组织管理、数字创新活动和企业绩效的过程进行了讨论，但是对数字能力影响机制的研究还不够充分，对数字能力是否以及如何影响新创企业的创业过程尚未有探讨，这极大地阻碍了数字能力研究的深入和拓展。最后，无论是理论研究还是实证研究，现有关于数字能力的研究大多集中于西方发达国家的成熟市场情境，缺乏对发展中国家尤其是中国情境的关注。中国的数字创业实践发展迅速，数字化的创新成果以及颠覆市场的新型商业模式层出不穷，但关于新创企业数字能力的理论研究却远滞后于实践发展。基于此，本书以国内新创企业为研究对象，研究数字能力对商业模式创新的影响机制。

二 数字机会发现和数字机会创造相关研究

（一）数字机会的内涵

大数据、云计算、人工智能等数字技术的发展预示着现代社会逐步开始进入数字化经济时代，数字技术也不断改变着创业的方式和方法（Yoo et al.，2012；刘洋等，2020）。随着数字时代的发展和创业条件的变化，对创业机会的理论更新与拓展有了新的要求。数字技术改变了创业机会的产生和发展方式，数字组件与传统创业方式的融合创造了大量的数字机会，无论是市场中存在的客观创业机会，还是创造机会的创业者的主观创造过程，都受到了数字技术发展的深刻影响（Hull et al.，2007）。

Barrett 等（2015）认为，数字机会是数字技术提供的一种新的创业机会，这些数字机会因移动互联网、人工智能和云计算等技术进步而迅速增加，其研究还提出了数字创业需要三种不同但又相互关联的机会类型：商业、知识和制度。数字创业更注重数字技术的应用、数字平台的开发以及数字生态的动态性构建过程，在此过程中，创业主体间的频繁互动催生了大量的数字机会，而传统创业机会往往源于对单一产品或服务的创意性挖掘与创新，致使传统创业机会难以迅速集聚，也不利于创业机会的持续产生。数字情境下的新创企业可以在多样化创业主体互动的过程中不断发现新的数字机会，以识别和满足更加碎片化和个性化的用户需求，甚至重构并扩展产品和服务的边界。因此，数字机会是融入了数字技术的新的创业机会。

作为一种新的创业机会，数字机会有别于传统的创业机会，数字机会强调团队、用户、投资人、技术人员或合作伙伴等多种创业主体对机会的重要性，强调数字技术对机会属性、来源、应用过程的改变。从机会主体来看，传统创业机会多是创业者个人发现并创造的，而数字机会多是创业者、利益相关者、外部环境等因素交互创造的产物（蔡莉等，2019）。从机会来源来看，传统创业机会来源于个体经验、新技术与新市场，而数字机会来源于数字技术与产品和服务重构创造的市场、用户参与导致的创新以及新场景下出现的新应用机会（余江等，2018）。从机会特征来看，传统创业机会呈现偶然性、时效性、不确定性和差异性等特征，而数字机会则呈现了不同于传统创业机会的碎片化和动态性特征（余江等，2018；朱秀梅等，2020）。从机会获取途径来看，传统创业机会产生于环境、市场需求、市场结构组织内外部的改变或创业者的创造行为，创业者获取创业机会多依靠自身的警觉性和社会网络等（Lumpkin and Lichtenstein，2005），而数字技术的应用融合了大量的不对称信息，连通了一个个数据"孤岛"，创造了大量的数字机会，数字技术的开放性也使得创业者可以通过互联网平台、数字生态系统、大数据分析等形式发现和创造更多的数字机会（Hull et al.，2007）。传统创业机会和数字机会的对比如表1.2所示。

表1.2　传统创业机会和数字机会的对比

	传统创业机会	数字机会
机会主体	创业者个体	团队、用户、投资人、技术人员或合作伙伴等多种创业主体

续表

	传统创业机会	数字机会
机会来源	来源于个体经验、新技术与新市场	来源于数字技术与产品和服务重构创造的市场、用户参与导致的创新以及新场景下出现的新应用机会
机会特征	偶然性、时效性、不确定性、差异性等特征	碎片化和动态性特征
机会获取途径	自身警觉性、社会网络等	互联网平台、数字生态系统、大数据分析等

资料来源：根据相关文献整理。

（二）数字机会发现

数字机会发现源于机会发现观，是指创业者基于数字技术以及现有的数字业务，对数字环境的感知过程以及在数字平台、数字生态系统中进行的信息搜索过程。余江等（2018）研究指出，数字机会的发现过程是新创企业与其他创业主体进行互动而发现新的数字机会的过程，也是企业通过数字平台和数字技术识别市场和用户需求的过程。其研究指出，数字技术的发展使得创业主体持续变化，数字机会拓展了已有创业机会的边界，获得创业构想和开发创业资源的个人和机构不再是特定的，数字机会的产生和发展得益于数字平台的自生长性以及数字平台间的数字融通，大量的数字机会源于数字组件和不同产品的差异化连接，这需要多种创业主体通过数字平台等方式探索和发现新的数字机会。朱秀梅等（2020）认为，数字机会发现本质上是创业者与数字技术以及环境之间的互动过程，创业者与环境通过网络紧密联系，加深了信息间的融通和结合，从而感知环境并发现新的数字机会。数字机会发现对新创企业而言至关重要，通过数字技术和数字平台搜索信息发现已有的数字机会，可以促进企业更新产品生产方式和丰富已有产品的数字功能，从而提升产品的价值并增强其市场吸引力（Katila and Ahuja，2002）。

因此，有别于传统的创业机会发现过程，数字机会发现更注重对数字技术的应用，更倾向于通过数字平台进行互动以及分享信息和知识，这不仅提升了新创企业发现机会的效率，也促进了更多主体参与到数字机会的发现过程中。数字机会的碎片化和动态性特征要求新创企业不能仅凭企业自身在差异化的市场中迅速发现高质量的数字机会，这推动了新创企业不断地与潜在用户和投资者进行互动，拓展机会的探索范围，打破创业机会的边界，整合全球范围的创意思维和资源。

（三）数字机会创造

数字机会创造源于机会创造观，在数字经济时代下，数字机会创造不仅是创业者和新创企业运用数字技术与环境互动并创造性配置资源的过程，也是不同创业主体通过数字技术将一系列不断发展的想法进行碰撞、融合并实现的过程。

Schumpeter（1947）认为，技术的发展会激发创新，这个过程又会导致某些行业滞后于时代发展。数字时代下数字技术的发展日新月异，技术革命创造了新的数字机会，同时也在不断破坏已有的成熟行业和市场，促使传统产业进行数字化升级，在此过程中创造了大量新的数字机会。Grégoire 和 Shepherd（2012）指出，数字机会创造就是利用数字技术的规模化和灵活性来创造新的机会，该研究运用机会创造理论解释了数字新创企业通过创造数字机会开展创业活动的过程。Fitzgerald 等（2014）认为，创业者对数字技术的应用创造了更多的数字机会，数字机会的创造改变了创业资源的获取路径以及企业的商业模式，从而对新企业的创建和成长进程产生重要影响。Nambisan（2017）指出，数字机会创造是数字平台的开放性所导致的知识和资源共享的结果，创业主体间互动过程的本质在于以更广泛的、更易被接受的方式创造数字机会，以此创造价值并解决问题。刘志阳等（2020）指出，数字机会创造是新创企业与多主体通过共享跨越组织边界的数字信息和高度异质性的知识来创造数字机会的过程。

因此，有别于传统的创业机会创造过程，在数字机会创造过程中，数字技术促进了个体和环境的互动，推动了数字机会的创造，新创企业的创业者可以与更多创业主体共同创新，共享跨越组织边界的数字信息以及高度异质性的知识，从而共同创造数字机会。传统创业机会发现和创造与数字机会发现和创造的特性对比如表1.3所示。

表1.3 传统创业机会发现和创造与数字机会发现和创造的特性对比

	传统创业机会	数字机会
机会发现	强调创业者个体在创业过程中的作用	强调集体参与对价值创造的重要性
	强调创业者经验在机会开发中的作用	强调数据分析在机会开发中的作用
	创业过程是线性和分阶段的	创业过程是非线性的，阶段边界是模糊的
机会创造	机会是内生地被创业者创造出来的，创业者行为是机会的来源	数字技术促进了个体和环境的互动，推动了数字机会的创造
	创业者基于认知偏差和启发法，通过渐进—重复—归纳的过程来创造创业机会	创业者基于数字技术和数字能力，通过共享跨越组织边界的数字信息和高度异质性的知识来创造数字机会

资料来源：根据相关文献整理。

（四）数字机会发现和数字机会创造的相关研究评述

通过上述相关文献可知，学者们已从不同的理论视角探析和研究了创业机会，机会发现观和机会创造观是独立而又对立的两种学术观点，单一的理论视角虽然能够深入地揭示创业机会的来源与影响过程，但往往有着自身的局限性。机会发现观深度剖析了创业机会的客观性以及挖掘信息不对称的重要性，却弱化了技术变革、制度变迁等外部影响因素对创业机会的影响。机会创造观聚焦于探索机会主观创造的过程以及机会产生的原因，却忽略了信息不对称所产生的机会（毕先萍、张琴，2012）。近年来，学者们提出，数字技术对创业过程的赋能深刻地影响了创业机会的成因以及机会的影响过程（González et al.，2017）。蔡莉等（2019）认为，数字技术的发展对创业机会产生了重要影响，也使机会的属性发生了变化，数字时代下更强调机会发现过程中集体参与和数据分析的重要性，也更强调个体和环境的互动对机会创造的重要性，所以应更注重数字时代下数字机会发现和数字机会创造的融合研究。数字机会发现和数字机会创造存在一定区别，发现过程和创造过程所针对的数字机会的内在属性并不相同，同时对数字机会利用的方式也存在差异。数字机会发现聚焦的数字机会主要产生于市场失衡和数字组件的重新组合，其发现过程更注重与数字环境之间的互动以及应用数字技术进行探索。数字机会创造关注的数字机会多是创新度高且具有一定变革性的新机会，其创造过程更注重对当前资源的重新配置以及不同主体间互动的过程。然而，已有研究缺乏对新创企业数字机会发现和数字机会创造过程的深入探索。

三　商业模式创新相关研究

数字时代涌现了众多颠覆性和革命性的新型商业模式，越来越多的学者开始关注商业模式创新的重要作用。商业模式创新是一种颠覆性创新（Christensen et al.，2002；Ghezzi and Cavallo，2020；Spieth and Schneider，2016）。企业在商业模式创新的过程中能够实现市场逻辑导向下的经济价值最大化，从而迅速建立竞争优势（肖红军、阳镇，2020）。对商业模式及其创新过程的定义和评估已成为战略、创新和创业领域中的重要课题，学者和企业家们都认为，无论是成熟企业还是初创企业都应该超越单纯的产品、服务或流程创新，激活更多公司内部价值，推动商业模式的创新，并逐步打造难以被竞争对手模仿的创新系统（Chesbrough，2010；Amit and Zott，2012）。因此，商业模式创新是企业的重要创新活动，厘清商业模式以及商业模式创新的内涵对于揭示商业模式创新过程十分重要。

（一）商业模式的内涵

学界对于商业模式的内涵仍未达成一致（George and Bock，2011；Schneider and Spieth，2013），致使商业模式创新的概念也不明晰（王雪冬、董大海，2013）。对商业模式的选择和设计是商业机会探索和开发的关键，也是商业模式创新的基础（Desyllas and Sako，2013；Zott and Amit，2010），探究商业模式创新首先应厘清商业模式的内涵。

学者们基于不同研究领域和研究目标，从不同研究视角界定和阐述了商业模式的概念。Teece（2010）指出，商业模式是企业围绕价值创造而进行的一种设计方式，目的在于实现顾客价值并获取利润。Baden-Fuller 和 Morgan（2010）认为，商业模式是企业创造和分配价值的过程。Casadesus 和 Ricart（2010）的研究将商业模式定义为一种以顾客为导向的价值主张，其本质是一种为顾客创造价值的决策逻辑。Demil 和 Lecocq（2010）认为，企业的商业模式是创造价值、整合资源、提升能力、传递价值主张并获取收益的过程。Priem 等（2013）的研究指出，商业模式是以实现顾客价值为核心的行为方式，包括提出价值主张、产生顾客价值、提供顾客价值和实现顾客价值。Achtenhagen 等（2013）认为，商业模式是企业为实现组织利润而设计的一种商业结构和市场分析机制。Angeli 和 Jaiswal（2016）将商业模式定义为企业与客户、合作伙伴和供应商进行交易活动的模板，也是企业联结市场和分析市场的机制。Foss 和 Saebi（2017）认为，商业模式是企业、客户和利益相关者进行互动的系统。Cao 等（2018）认为，商业模式的设计和执行是企业提供价值、获取资源并创造价值的过程，是企业为消费者以及合作伙伴创造价值的核心逻辑。

综上所述，商业模式是一种描述企业如何在市场中进行商业设计和活动的方式，或是一种企业进行商业活动和市场分析的模板，或是一个包含客户和利益相关者的价值网络机制，其体现的是企业创造价值、传递价值和获取价值的过程（吴晓波、赵子溢，2017）。

（二）商业模式创新的内涵

数字技术的发展引发的商业模式创新能够帮助企业快速实现数字产品和核心产品的商业化（Vidal and Mitchell，2013），尤其是对于新创企业而言，保持商业模式创新才能突破行业壁垒和资源约束，保持企业的可持续发展（Zhao and Zhu，2014）。关于商业模式创新的研究已成为创业领域中的重要课题，研究成果越来越多，研究视角也越来越丰富，已有文献主要从战略视角、技术创新视角、顾客价值创造视角和组织管理视角展开研究。

1. 战略视角

Hamel（1998）通过揭示企业价值创造的过程，提出企业的商业模式创新本质上是创造新价值以建立差异性竞争优势的过程，并认为商业模式创新是一种战略创新。在此基础上，学者们从战略的视角开展了商业模式创新的研究。Schlegelmilch 和 Chini（2003）认为，商业模式创新是企业战略的创新，是企业通过战略指导商业模式设计与实践的创新过程，在这个创新过程中，企业实现了价值增长和快速成长。Cucculelli 和 Bettinelli（2015）指出，商业模式创新是企业在战略方向上对现有商业逻辑的变革性创新过程，也是开发与创造新机会的过程。

2. 技术创新视角

Chesbrough 和 Rosenbloom（2002）认为，技术的发展是企业进行商业模式创新的必要前提，但技术包含的潜在客观价值需要以商业模式创新的形式来体现。在此基础上，学者们从技术创新的视角开展了商业模式创新的研究。Chesbrough（2010）探究了企业核心技术与商业模式创新的联系，并认为商业模式创新是融合了核心技术经济价值而建立启发式逻辑的创新过程。Doganova 和 Eyquem-Renault（2009）提出，商业模式创新能够使企业家探索新的市场和机会，促进技术经济网络的建设，并强调了企业的核心技术是商业模式创新的基础，商业模式创新是企业基于技术发展来重构经营模式和问题处理规则的过程。

3. 顾客价值创造视角

Aspara 等（2010）指出，商业模式创新源于企业对市场导向的预估以及对顾客价值的深刻理解，是企业主动发掘顾客潜在需求来创造新顾客和创建新市场，从而实现顾客价值跳跃式增长并彻底改变竞争规则的创新过程。商业模式创新是创造新价值并重塑价值创造、价值传递方式和既有市场结构的创新过程，商业模式创新要基于对顾客价值的重新理解和定义。项国鹏等（2014）认为，商业模式创新是企业在深度挖掘顾客价值的过程中设计独特的创新系统、重塑产业结构并匹配顾客潜在需求的创新过程。肖红军、阳镇（2020）探究了数字时代下的商业模式创新，认为数字创业中的商业模式创新突破了专注于顾客价值创造的传统模式，更融合了数字平台和价值网络中多元创业主体的价值诉求，包括企业的员工、供应商、政府、社会和自然环境创造价值的过程。

4. 组织管理视角

Osterwalder 等（2005）将商业模式创新定义为组织对运营模式和赢利模式的设计过程，这个创新的过程旨在重构组织的既有结构、创新系统和管理方式。在此基础上，学者们从技术创新的视角开展了商业模式创新的研究。Demil 和 Lecocq（2010）认为，商业模式创新是企业基于价值主张重构资源结构，驱动企业内部管理要素互动，从而进行管理系统创新演化的过程，这个过程可能产生颠覆性的创新成果。Massa 等（2017）认为，商业模式是对组织运营管理与运营业务的描述，阐述了组织管理对实现目标的作用，是组织运营管理过程中一系列元素的体现。

综上所述，已有研究从不同的理论视角阐释了商业模式创新的内涵。随着数字技术的发展，商业模式的要素、过程和目标结果呈现了新的特点（肖红军、阳镇，2020）。因此，商业模式创新并不是对传统商业模式的修补或简单完善，而是全面超越和再创新，以实现企业的可持续发展。

（三）商业模式创新的前因变量

从已有文献来看，影响企业商业模式创新的前因变量主要包括管理认知、高管能力、组织活动、领导者特质、技术创新和市场机会等。

Cavalcante 等（2011）认为，商业模式创新始于企业领导者和团队的认知，领导者和团队对环境的认知会影响企业对外部竞争的解读，并通过决策调整实现商业模式创新，从而获取竞争优势。Winterhalter 等（2015）认为，企业管理者的领导能力决定了商业模式创新的方向和效果。Itami 和 Nishino（2010）研究发现，企业通过组织学习活动可以借鉴吸收成功商业模式的经验，通过在实践中持续调整和改进自身的商业模式以达成商业模式的创新。Guo 等（2016）通过实证研究探析了企业的机会识别以及创业活动与商业模式创新之间的关系，结果表明，机会识别与创业活动能够积极促进企业的商业模式创新。张永强、周生辉（2017）探讨了领导者特质对商业模式创新的影响，结果证明，高管的主动性可以使其主动发现具有价值的新机会，进而根本性地改变和创新已有商业模式。Kley 等（2011）研究认为，技术变革带动了市场环境的剧烈变化，企业必须进行商业模式创新以应对外部环境的变化，从而实现企业的可持续发展。吴晓波、赵子溢（2017）提出，市场机会驱动企业进行商业模式创新，尤其是当企业试图进入新兴市场时，需要思考如何将所创造的价值传递给客户，更要思考如何针对客户的需求把握市场机会，进而设计和创造出符合需求的商业模式。

（四）商业模式创新的结果变量

从已有文献来看，商业模式创新的影响结果研究主要涉及企业绩效、组织学习、制造业服务化转型、新创企业合法性等。

Chesbrough 和 Rosenbloom（2002）从商业模式的固有属性出发，分析了施乐公司及其相关公司的商业模式设计和创新与企业绩效的关系，探明了商业模式创新与绩效间的正向关系。Hu 和 Randel（2014）探索了商业模式创新对中国制造企业的关键作用，认为商业模式创新能够有效激发组织的学习行为，进而提升企业的技术创新绩效。刘建国（2016）基于对中国企业的研究表明，成熟的制造业企业可以通过商业模式创新进行数字化以及服务化转型。罗兴武等（2018）研究认为，商业模式创新可以有效提升新创企业的合法性。

（五）商业模式创新的相关研究评述

通过上述相关文献可知，国内外学者对商业模式创新的内涵和影响因素已经进行了较为广泛的研究，商业模式及其创新过程的内涵和评估方式已成为战略、创新和创业领域中重要的话题。随着数字时代的发展，越来越多的学者和创业者认为，无论是成熟的公司还是初创企业，都应该超越单一的产品、服务或流程创新，将重点聚焦于整个商业模式的创新过程（Ghezzi and Cavallo，2020；Chesbrough，2010）。商业模式创新是价值创造、价值传递和价值捕获的创新过程，使企业有可能激活企业内部被忽视的价值来源，以此创建难以被模仿的创新系统（Amit and Zott，2012）。然而，关于商业模式创新的实证研究仍然比较稀缺，尚存在大量实证研究空白（庞长伟、李垣，2016）。同时，Velu 和 Jacob（2016）认为，新创企业的特定动态能力对商业模式创新尤为重要，但已有文献缺乏数字环境下企业的数字能力等关键因素对商业模式创新影响的研究（Ghezzi and Cavallo，2020）。因此，本书探究了数字背景下企业的数字能力对商业模式创新的影响，以及数字能力对商业模式创新影响的路径机制。

四 创业激情相关研究

（一）创业激情的内涵

Vallerand 等（2003）将激情定义为个体对热爱的活动所产生的强烈倾向，并探寻了激情在创业过程中的重要作用。该研究将激情分为和谐型激情和强迫型激情，并依据不同的激情类型建立了激情的二元模型，如图 1.4 所示。和谐型激情是指个体主动内化的情感，使得个体可以自愿并全身心地参与活动；强迫型激情则代表了个体被动内化的情感，使得个体在情绪压力下参与活动。

图 1.4　激情的二元模型

资料来源：根据 Vallerand 等（2003）整理。

在创业研究领域，虽然早就有学者用激情来解释创业者的行为，但对创业激情现象的理论探讨仍然较为缺乏。Baron（2008）强调了情感因素在创业过程中的关键作用。在此基础上，Cardon 等（2009）从创业身份的视角切入，基于系统性研究剖析了创业激情的产生过程以及影响作用，并提出了创业激情的影响作用模型（如图 1.5 所示）。其研究指出，创业激情是创业者在投入具有身份含义和特点的创业活动时所产生的积极情感，创业激情包含强烈的积极情感和创业者的身份认同。强烈的积极情感是指个体表现出的强烈的、有意识的、持续的积极情绪体验。创业者的身份认同是指创业者参加的创业活动能够为其带来想要的某种创业角色感，强调了对创业者身份的深度角色认同。随后，Cardon 等（2013）根据创业者不同的身份特征将创业激情划分为发现激情、创建激情和发展激情。发现激情是指创业者聚焦于观察外部环境，寻找新机会，开发新产品或服务，攻坚技术原型，创造性解决现有问题的积极情感体验。创建激情是指创业者享受新创企业创建者的身份，享受新创企业的创建过程和创建活动的积极情感体验。发展激情是指创业者致力于发展新市场、扩展企业规模等活动的积极情感体验，发展激情使创业者热衷于寻找新顾客和雇员并扩大产品和服务市场。

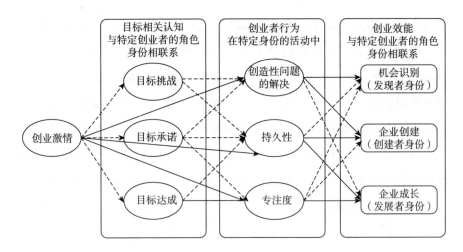

图 1.5　创业激情的影响作用模型

资料来源：根据 Cardon 等（2009）整理。

（二）创业激情的前因变量

从已有文献来看，影响创业激情产生的主要因素包括创业者身份认同、创业努力、创业教育等。

Cardon 和 Kirk（2015）认为，当个体在创业活动中深刻地体验到被赋予积极情绪标签的社会认可和自我意义时，会对创业者的身份产生认同，这会使个体产生积极而强烈的创业激情，从而激发个体的创业激情。Gielnik 等（2015）提出，创业激情不仅能够促进创业努力，也可能来自创业努力，其通过纵向的实证研究证实了创业努力与创业激情之间存在因果关系，两者相互影响又相互促进。Donnellon 等（2014）以大学生为实证研究样本，探究创业教育与创业激情之间的关系，研究结果表明，创业教育能够帮助大学生构建创业者身份认同，进而激发大学生潜在的创业激情。

（三）创业激情的结果变量

从已有文献来看，创业激情的影响结果主要包括创业行为、学习能力、员工工作激情、战略决策以及企业发展等。

谢雅萍、陈小燕（2014）指出，创业激情能够影响创业者的创业行为及创业能力。Breugst 等（2012）基于情绪感染理论和目标设置理论，揭示了创业者的创业激情对员工工作激情的影响机制。朱秀梅等（2020）认为，创业激情传染是创业者创业激情向新创企业员工的转移和传递过程，其归纳并提出了激情事件、激情表达、激情感知、激情评价、激情模仿五个创业激情传染的子过程，分析了创业激情对员工激情的传染路径和作用机制。Vallerand 等（2007）认为，创业激情能够激发创业者的实践积极性，从而提升企业绩效。Chen 等（2009）研究证实了创业激情可以积极影响创业者的战略和投资决策。Stenholm 和 Renko（2016）研究指出，创业激情能够促进创业行为，推动新创企业创造性地整合资源，有助于新创企业的生存和发展。

（四）创业激情的相关研究评述

通过上述相关文献可知，创业激情已经引起了越来越多学者的关注。创业激情在创业过程中越来越被认为是推动创业成功的重要因素，比外部力量所引致的本能或偶尔的情绪更为持久（Cardon et al.，2013）。已有关于创业激情的研究主要聚焦于创业激情的形成过程和影响作用，或从团队视角探究个体创业激情对团队激情的传染路径以及影响机制（朱秀梅等，2020）。国内有关创业激情的研究相对较为滞后，不仅缺少基于中国情境的本土化研究成果，更鲜有文献探究创业激情在数字化背景下的重要作用和影响过程。因此，本书将创业激情纳入数字能力对商业模式创新的作用机制研究中，探究创业激情在数字情境下组织活动中的关键作用。

五 手段导向相关研究

（一）手段导向的内涵

效果推理理论（Effectuation Theory）是手段导向的理论基础，该理论由美国弗吉尼亚大学教授 Saras Sarasvathy 提出。由于新创企业往往缺乏关键的创业要素，市场环境也存在不确定性，因此无法如成熟

企业一样明确具体而详细的创业目标（张玉利、赵都敏，2009）。效
果推理理论认为，新创企业在不确定环境中所拥有的资源和手段是已
知的，当企业无法依据具体目标并基于成熟的管理思维模式预设创业
目标并制定决策时，创业者只能通过已知的手段组合创造性地创造结
果（Sarasvathy，2001；秦剑，2011）。效果推理理论的基本原理如图
1.6 所示，过程模式如图 1.7 所示。

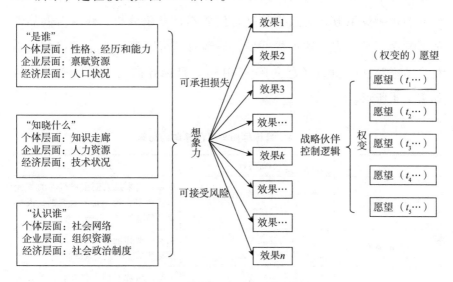

图 1.6　效果推理理论的基本原理

资料来源：根据 Sarasvathy（2001）整理。

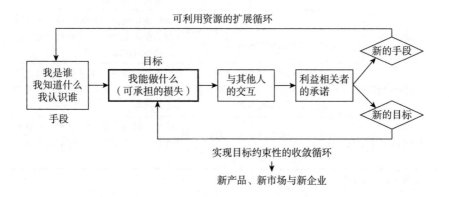

图 1.7　效果推理理论的过程模式

资料来源：根据 Sarasvathy 和 Dew（2005）整理。

手段导向（Effectuation）是一种基于效果推理理论的逻辑决策方式，是创业者在现有手段下的行为选择。手段导向要求新创企业保持战略柔性，在保证可承受损失的范围内尽可能多地创造结果，并基于已知的资源和手段来创造更多可行的机会（张玉利、赵都敏，2009）。手段导向不同于目标导向以设定目标为基础的逻辑方式，其强调企业基于现有手段在可承受的损失范围内尽可能地创造出更多结果。手段导向的逻辑决策方式更追求战略合作而不是竞争分析，注重对偶然性的开发而不是对先前知识的开发，强调对不可预测的未来的控制而不是对不确定性的预测（赵向阳，2013）。目标导向与手段导向的比较如表1.4所示。

表1.4 目标导向与手段导向的比较

	目标导向	手段导向
对未来的认识	预测：把未来看作过去的延续，可以进行有效预测	创造：未来是人们主动行动的某种偶然结果，预测是不重要的，人们要做的是如何去创造未来
行为的原因	应该：以利益最大化为标准，通过分析决定应做什么	能够：做你能够做的，而不是根据预测结果去做你应该做的
采取行动的出发点	目标：从总目标开始，总目标决定了子目标，子目标决定了要采取哪些行动	手段：从现有的手段开始，设想能够利用这些手段采取什么行动，实现什么目标，这些子目标最终结合起来构成总目标
行动路径的选择	既定承诺：根据对既定目标的承诺来选择行动的路径	偶然性：选择现在的路径是为了使以后能出现更多、更好的途径，因此路径可能随时变换
对风险的态度	预期的回报：更关心预期回报的大小，寻求能使利益最大的机会，而不是降低风险	可承受的损失：在可承受的范围内采取行动，不去冒超出自己承受能力的风险
对其他企业的态度	竞争：强调竞争关系，根据需要对顾客和供应商承担有限的责任	伙伴：强调合作，与顾客、供应商甚至潜在的竞争者共同创造未来的市场

资料来源：根据张玉利、赵都敏（2009）整理。

（二）手段导向的前因变量

从已有文献来看，手段导向的前因变量主要包括资源约束程度、环境不确定性、组织结构、创业者先前经验等。

Meuleman 等（2010）通过实证研究检验了不同类型的资源约束和环境不确定性对新创企业决策的影响，结果表明，具有高额社会资本的新创企业更倾向于采用手段导向，同时环境不确定性也会对手段导向产生显著影响。新创企业是否采用手段导向的决策逻辑可能取决于组织结构的差异化，具有差异化组织结构的新创企业更愿意积极采用手段导向。Laskovaia 等（2017）研究了手段导向与目标导向对创业者行为的不同影响作用，认为拥有丰富先前经验的创业者更倾向于采用目标导向，而先前经验更少的创业者更愿意采用手段导向。李雪灵等（2020）研究认为，除了创业者个体因素外，组织特征、行业情境、文化情境、资源管理过程都是影响创业者是否采用手段导向的关键因素。

（三）手段导向的结果变量

关于手段导向的影响结果，已有文献主要关注其对企业绩效、生存、创新、竞争优势等方面的积极影响，结果变量主要包括新企业创建、创业绩效、资源整合、知识获取、创业能力等。Read 等（2009）的研究揭示了手段导向对绩效的影响机制，不仅证实了在高不确定性环境下采用手段导向对新创企业的成长绩效具有显著影响，还表明基于效果推理逻辑进行决策的新创企业比采用因果推理逻辑的企业更能有效提升创业绩效。Mauer 等（2010）基于创业动态跟踪项目的调查数据，探究了手段导向对新创企业的影响，研究发现手段导向能够有效促进新创企业的资源整合过程。郭润萍（2016）研究了新创企业如何应用手段导向推动自身持续学习并获取知识，明确了手段导向对知识获取以及创业能力的促进作用。

（四）手段导向的相关研究评述

通过上述相关文献可知，手段导向已经成为组织管理领域的新热

点，近年来得到了快速的发展，相关理论不断完善，概念持续丰富和
拓展，相关实证研究也取得了明显的进展。但数字时代下的组织创新
活动更具有复杂性，也更需要时效性，已有研究更侧重于解释手段导
向对灵活战略选择和战略决策逻辑的影响过程，但对其调节效应的实
证研究较为缺乏。手段导向是创业者在创业过程中非计划式的决策逻
辑，已有研究忽略了手段导向作为一种行为逻辑对企业内部组织管理
以及资源配置的重要作用。手段导向不仅表现为一种不同于目标导向
的决策逻辑，也表现为一种新创企业在创业过程中特有的行为方式和
应用手段。在数字环境下，数字技术降低了企业的创立成本，但市场
需要新创企业不断进行创新，甚至及时终止某些活动以减少资源的无
效投入。这就要求新创企业采用更为切实有效的行为逻辑，并基于已
有手段进行大量的探索性试错的迭代活动，持续采用手段导向实践
"干中学"过程，进行学习和创新，快速确定产品和发展方向，提升
企业的赢利能力。同时，采用手段导向逻辑和行为方式的企业在内部
管理过程中，更注重随时随地地积累、开发和匹配资源，而非强调对
资源的外部获取和剥离过程（李雪灵等，2020），这促进了机会和资
源的匹配，也是企业内部主观导向和客观资源的深度结合过程。数字
时代下的创业更要求新创企业基于已有手段并在特定时间内把握机会
和配置资源，因此，手段导向更适用于揭示数字环境下新创企业内部
的机会和资源匹配整合过程。本书将手段导向纳入新创企业数字能力
对商业模式创新影响的研究模型之中，探究手段导向对机会和资源匹
配的指导作用。

第三节　本章小结

　　本章系统地梳理了本书相关的理论基础和研究脉络，归纳了相关
理论基础和变量的已有研究，分析了现有文献的研究不足，并对相关

理论和变量的研究进行了评述，为本书理论模型的构建提供了理论支持。具体而言，在基础理论部分，本章重点对动态能力理论、创业机会理论和创新理论进行了梳理与归纳，介绍了每个理论的发展历程，总结了理论的内涵以及重要的理论观点。在相关文献综述部分，根据研究问题，对数字能力、数字机会发现、数字机会创造、商业模式创新、创业激情和手段导向等变量的内涵、影响因素和作用结果的相关研究进行了梳理，重点对创业机会和数字机会的内涵进行了总结和对比，基于已有文献辨析了两者之间的差异，同时，根据机会发现观和机会创造观的相关研究，剖析了数字机会发现和数字机会创造的机制问题，试图丰富数字机会的研究成果，拓展创业机会研究的边界。本章对相关理论和相关文献进行了研究综述，不仅明确了相关内容的发展历史和研究现状，厘清了研究脉络，更为后文的假设提出提供了理论切入点，为后续研究提供了理论和文献基础。

第二章 案例研究与理论模型构建

文献综述部分对本书涉及的动态能力理论、创业机会理论和创新理论的基础研究进行了阐述，对数字能力、数字机会发现、数字机会创造、商业模式创新、创业激情和手段导向等变量的相关文献进行了回顾和系统梳理，为理论模型的构建提供了支撑。在此基础上，本章进一步探索变量间的关系。首先，设计合理的研究方案，运用探索性案例研究的方法，通过实地考察、面对面访谈、电子邮件以及电话等形式对北京、西安、杭州以及长春的 4 家新创企业进行了追踪调研，收集数据并进行系统分析。其次，基于理论分析和案例研究的交互验证，本章界定了各个变量的概念，并对数字能力、数字机会发现、数字机会创造、商业模式创新、创业激情和手段导向之间的关系进行了梳理与归纳，根据相关变量的理论基础，结合案例分析结果，构建本书的理论研究模型，为后续提出的理论假设以及实证检验奠定基础。

第一节 研究设计

一 研究问题的提出

数字技术的发展改变了产品的生产方式、产品的基本属性、企业的商业模式和组织的形态，甚至颠覆了许多管理和创新理论的基本假设（Nambisan，2017）。虽然越来越多的学者开始关注数字背景下的新创企业研究，但有关数字能力、数字机会等关键数字要素的文献仍寥寥可数，已有研究也缺乏新创企业如何应用数字能力、数字机会来促进商业模式创新的深入探索。理论研究的滞后向我们提出了亟待研究的问题：①数字能力是不是影响新创企业商业模式创新的重要因素？②数字能力如何影响数字机会发现和数字机会创造的过程？③数字机会发现和数字机会创造对商业模式创新有着何种作用？④数字机会发现和数字机会创造是否能够在数字能力影响商业模式创新的过程中起到中介作用？⑤创业激情能否在数字能力与数字机会发现以及数字机会创造的关系之间发挥调节作用？⑥手段导向能否在数字机会发现以及数字机会创造与商业模式创新的关系之间发挥调节作用？厘清这些问题对于揭示数字能力对商业模式创新的影响路径至关重要。因此，本书在梳理已有文献的基础上，结合案例研究构建理论模型，并对研究框架进行补充、修改以及完善，最后得出相应的结论。主要涉及的内容如下：数字能力对商业模式创新的影响；数字能力分别通过数字机会发现、数字机会创造对商业模式创新的影响；创业激情在数字能力与数字机会发现之间以及数字能力与数字机会创造之间的调节作用；手段导向在数字机会发现与商业模式创新之间以及数字机会创造与商业模式创新之间的调节作用。

二　研究方法的选择

本章在理论基础与文献综述的基础上，选择案例研究方法进一步探索变量间的逻辑关系。案例研究方法是一种通过典型案例描述并解释复杂社会现象的研究方法，案例研究法强调对研究案例出现的科学现象和问题进行归纳与分析，最终得出研究结论或研究命题（欧阳桃花，2004）。案例研究方法适用于回答"怎么样"和"为什么"的问题，且不拘泥于理论推导和数据分析，通常基于客观事实来进行理论的归纳和演绎（Eisenhardt，1989；Yin，2010）。相较于其他研究方法，案例研究方法具有信息丰富、调查详细和分析深入等优点，适合对现实中复杂而又具体的问题进行全面的考察。同时，案例研究方法还有助于研究者从现象中识别关键的研究变量，结合已有理论尝试进行新的理论解释。因此，本章选择案例研究方法，结合相关变量的理论基础，建立本书的理论模型，理论研究与案例研究的结合可以在一定程度上保证研究的理论饱和度和内容完整性。

案例研究的运用模式一般可以划分为三种类型，即探索性案例研究（Exploratory Case Study）、描述性案例研究（Descriptive Case Study）和验证性案例研究（Verified Case Study）。探索性案例研究一般用于对案例特征、问题表现、研究假设以及方法工具不够深入了解的时候，此模式是指在文献分析的基础上，通过对典型案例进行理论探索来构建创新理论模型，从而为后续的统计调查研究奠定基础（毛基业、陈诚，2017）。描述性案例研究一般用于对案例特征以及研究问题已经具备初步认知的时候，通过对典型案例的细致化描述来揭示管理实践中出现的新现象和新问题，基于新现象和新问题推动理论的发展并拓展理论的应用边界（苏敬勤、李召敏，2011）。验证性案例研究一般用于对所研究问题的理论框架进行验证、补充和修正的时候，通过分析典型案例以验证所提理论框架的有效性（陈晓萍、沈伟，2012）。

本书聚焦于探索数字能力对商业模式创新的作用机制，选择探索性案例研究方法有助于初步探寻数字能力对商业模式创新的影响机理，增强研究的科学性和规范性，为进一步的研究奠定基础。

三 研究案例的选择

（一）案例选择

选择案例研究方法需要探讨样本的数量选择和抽样问题，不同于大样本假设检验研究中数据的随机抽样和分层抽样，案例研究更适用于应用理论抽样。理论抽样（Theoretical Sampling）主要是指从研究对象中观察拓展相关概念，探索构念间存在的逻辑关系，并依据理论而不是统计概念来选择样本（陈晓萍、沈伟，2012）。Yin（2010）的研究提出，多案例研究遵循"差别复制"逻辑，通过对所选择案例之间的比较和分析，验证研究中出现新观点的可重复性，这能够对新的研究问题以及新的观点进行拓展和反复验证。一般抽取 4～10 家企业为多案例研究的样本数目时，可以有效地帮助研究发现或建构的理论达到饱和状态，理论的饱和状态是指通过增加额外的访谈已无法对相关构念及构念间的关系产生更多的独特理论见解（Eisenhardt，1989）。因此，本书选取了 4 家新创企业作为案例研究的对象，案例企业来自北京、西安、杭州和长春。案例选择遵循以下两个原则：①案例的典型性和相似性原则；②数据的可获取性与完整性原则（Eisenhardt and Graebner，2007）。本书选取的 4 家案例企业均为数字型新创企业，隶属于互联网和高新技术行业，主要业务均为基于大数据、云计算、人工智能等数字技术的研发和应用，这有利于案例内的相互复制、对比和拓展。案例企业与课题组保持了较为长期的联系和交流，并提供了较为完整的内部资料。课题组综合运用网上披露的信息、企业内部资料等材料以及现场考察和面对面访谈等方式，对企业进行深入了解，获取了较为完整的数据。基于保密原则，本书对案例研究中涉及的 4 家数字新创企业均以匿名形式呈现，即企业 A、企业 B、企业 C 和企业 D，企业的基本情况如表 2.1 所示。

表 2.1 案例企业基本情况

编号	成立年份	地区	所属行业	规模	资料收集方式
企业 A	2012	西安	互联网	60 人左右	一手资料：创始人及创业团队成员访谈；调查问卷
企业 B	2014	长春	科技推广和应用服务	100 人左右	
企业 C	2014	北京	互联网	300 人左右	二手资料：企业内部资料；网上披露的信息
企业 D	2016	杭州	互联网	50 人左右	

资料来源：根据案例企业材料整理。

（二） 数据收集

案例研究要求对所选择典型案例的描述要真实可靠，这是实现研究结论准确性、严谨性、可推广性和可验证性的基本要求。本书综合运用网上信息、企业内部资料等材料以及面对面访谈、现场考察等方式，对案例企业进行深入了解，为了保证案例研究效度，在数据收集过程中，使用多重证据来源并形成三角验证（Yin，2010）。一手数据的来源包括访谈资料和调查问卷。访谈的对象包括新创企业的创始人和创业团队成员，调研人员累计访谈了 10 位案例企业的中高层管理人员，每位受访者的访谈时间为 1~2 小时，并请他们提供和核实有关资料信息。访谈方式为半架构化访谈和开放式访谈，访谈内容主要包括企业基本情况介绍、受访者的创业经历，以及受访者讲述企业发展现状和重大事件经过等。访谈问题重点关注受访者对事实或事件的直接解释，而不是含糊其辞的评论（Eisenhardt，1989）。此外，在访谈过程中，调研人员还在现场发放了调查问卷，用于收集定量研究所需的数据。二手数据的来源包括案例企业的官方网站、企业内部资料、宣传手册、网络媒体文章和行业分析报告等。从多种不同渠道获得的信息，只有能相互印证的才被采纳，然后结合一手数据和二手数据提炼与研究主题相关的内容，避免数据不足、信息遗漏、理解偏差等问题。

（三） 案例企业介绍

企业 A：企业 A 成立于 2012 年，位于西安市，现有员工约 60 人，该企业致力于大数据、云计算等数字技术和数字产品的开发及应用，为轨道交通、通信、金融等行业的客户提供专业的云计算及行业信息化服务，基于数字技术和智能服务为中小企业提供自主研发的优秀软件产品。企业 A 的创始人，男，硕士，是国内云计算、企业门户、知识管理、工作流、单点登录应用等数字技术开发的先行者。由于国内云计算起步较晚，多数企业无法在数据可视化领域提供解决方案，更无法针对汽车、轨道交通、通信等行业提供信息化建设的技术支持。企业 A 的云计算数字技术恰好可以填补市场空白，创始人从软件系统开发商起步，逐步将企业打造成为政府和企业云计算整体解决方案提供商。早在创业之初，创始人就把创新摆在公司全局发展的核心位置，要求团队不断提升技术研发和软件应用的数字能力，建设以行业和市场需求为驱动的研发体系，与企业的产品体系相辅相成。创始人认为昂扬的斗志与创业的激情是企业成功的保障，企业内部一直保持着热切的求知氛围，向上可以进行业务积累，更好地服务于企业和行业，向下可以持续进行技术沉淀，更好地聚焦云计算领域，提供一流的云产品。同时，数字化项目能否成功既取决于数字技术创新程度，也取决于商业模式的变革程度。企业 A 充分意识到数字化过程中技术和商业模式变革的重要性，并针对这些问题制定相应的策略和措施，完善企业组织形态并进行产品升级，形成了一整套自主可控的"政企云计算"解决方案，这种强大的数字能力有效地保障了企业的成功。

由此可见，企业 A 的创始人基于云计算等数字技术的发展，依托自身的数字能力，敏锐地发现了国内市场的数字机会，开启了数字化的创业征程。云计算和数据服务行业往往具有需求变化快、成长性低、行业竞争者数量多等特性，需要企业不断根据客户需求的变化和竞争对手的发展对产品和服务进行调整。创始人并不局限于单一的行业软件系统开发和维护，不断根据市场发展变化创新企业自身的商业模式，将企业打造成为政府和企业云计算整体解决方案提供商，实现了企业的跨越式发展。

企业 B：企业 B 成立于 2014 年，位于长春市，现有员工约 100 人，是从事卫星检测系统及设备研发等数字服务的科技公司，凭借核心的卫星通信技术，该企业已发展成为集合全卫星产业链的商用卫星公司。企业 B 的创始人，男，硕士，有科研单位工作经历，曾带领团队取得两个"国内首创"的研究成果。2014 年，创始人带领团队脱离原有单位，开始以市场化的模式开展业务，开启了商业航天的创业历程，成立了企业 B。随着用户需求的提升，商用卫星遥感得到迅猛发展，卫星工业涉及高端制造、航天军工、数字通信等多个领域，市场中存在着大量的数字机会。卫星行业是高资金、高技术、高投入的高科技产业，卫星技术是企业发展的核心和关键所在，卫星设计、制造和服务都需要强大的数字技术和数字能力支撑。企业 B 的创始人一直在思考如何通过企业自身的数字能力把握并创造更多的机会，带动企业发展并迅速推进卫星的商业化。美国 Skybox 公司发射的世界首颗视频卫星引起了市场的巨大反响，卫星开始显现出巨大的商业价值，此时，中国的卫星技术还主要应用于军工、电信和农业等行业，民用以及商用卫星的市场几乎一片空白。创始人发现了这个机会，与研发团队一致决定发射视频卫星，团队秉承"团结、创新、拼搏、务实"的精神，攻克了商用视频卫星的技术难题，研制并成功发射了"吉林一号"卫星星座。"吉林一号"是企业 B 结合市场需求并针对国内市场创造的数字机会，利用机会推动自身业务的发展。同时，商用卫星配套的地面系统、地面站建设与规划又聚集了政府、企业、上下游供应商等多主体，共同创造了大量的新的创业机会。在商业模式创新方面，企业 B 建立了多元生态的商业模式，依托已发射并不断完善的卫星星座，建立了遥感数据全链路电商平台，提供个性化、定制化的服务，根据用户的不同需求定制卫星拍摄图片和视频。在时间维度上，用户可以在平台定制特定时间的影像；在面积维度上，用户可以订购 100 平方千米以上的卫星拍摄图像。

由此可见，企业 B 的创始人基于自身和团队的数字能力开启了创业征程，发现并创造了大量的数字机会，推动了企业和整个产业的进步，带动了相关行业的创新和发展。在开创了国内商用卫星的新商业模式后，企业 B 仍不断地创新自身商业模式，建立了自身多元生态的商业模式，实现了企业的快速发展。

企业 C：企业 C 成立于 2014 年，位于北京市，现有员工约 300 人，是一家为全球特定人群提供平台交流和沟通的互联网科技企业。企业 C 的核心产品是为特定的小众人群打造的情感社交平台软件，凭借垂直赛道在近乎由腾讯、微博等巨头垄断的社交领域获得了突破。企业 C 的创始人，男，本科学历，致力于建设一个面向小众群体的交友平台。创始人早期运营的网站一直少有人关注，面对家人和朋友的质疑，他仍坚持认为小众群体交友平台是一个极具商业价值的创业机会，一种产品若想让所有人都喜欢，最终只会无人问津。他保持强烈的创业激情并决定将创业坚持下去，于 2014 年创办了企业 C。随着移动互联和 4G 等数字通信技术的快速普及，企业 C 推出针对小众群体的交友软件不到一年，注册用户突破 100 万名，两年后注册用户突破 1500 万名，三年后企业进军海外，首站登陆荷兰。在线交友平台的主要功能包括聊天、实时流媒体和信息流，但大多数服务是免费的，市场依然不看好基于小众群体的创业模式。创始人发现仅依靠传统社交服务的商业模式无法吸引更多用户和获取更多利润，他决定对传统的社交商业模式进行创新，开拓海外新市场，打造可持续的商业模式。创业者普遍认为集中力量深耕单个市场要比同时进军很多个市场容易得多，但企业 C 的创始人提出要集中力量拓展海外市场，增加会员、直播、健康等业务，并在北京推出了免费医疗检测业务。虽然世界各地的文化不同，但小众群体的社群文化趋同，企业 C 在拓展海外市场的过程中有了更多的机会，从而吸引了大量的海外用户，目前企业 C 在全球有超过 5000 万名注册用户，覆盖 200 多个国家和地区。

由此可见，企业 C 定位于小众群体的需求，发现小众群体社交的数字机会，基于企业的数字能力优势打造社交平台，呈现社交匹配度高、内容分发率高、商业化变现快等特点，保持创新并持续输出用户价值。随着业务边界的不断拓展，平台用户的活跃度持续提升，黏性增强，形成了一个可持续的商业模式创新生态。

企业 D：企业 D 成立于 2016 年，位于杭州市，现有员工约 50 人，该企业从事区块链技术研究与应用，是智能合约系统提供商，基于区块链等数字技术为用户提供隐私保护、成员管理等服务。企业 D 的创始人，男，本科学历，是中国最早一批的智能合约开发者，曾是全球最大的区块链 2.0 项目的核心研发团队成员，并曾担任知名数字货币交易所的架构师与核心开发者。2016 年，创始人怀揣用技术创造信任，打造一款可以互操作的区块链软件的梦想，开启了创业之旅。企业 D 具备强大的区块链技术研发和工程能力，自主研发了区块链基础平台，致力于打通不同区块链世界的入口，使用户可以从任何入口进入区块链世界，操作数字世界的任意资产，并将其融合在一起。区块链技术是融合多学科发展而来的一项数字技术，从本质上讲，它是一个共享数据库，存储于其中的数据或信息具有不可伪造、全程留痕、可以追溯、公开透明和集体维护等特征。区块链的独有特征决定了基于这项技术能够以"信任"为基础，打造坚实可靠的合作机制。创始人发现，技术和管理的融合使企业实现了用机器去管理人，即基于网络和计算机技术的信息系统实现"流程自动化"，但这样的信息系统更多地被应用于企业内部，公司及组织本身是一个信任边界，流程自动化无法延伸到公司边界之外。创始人认为，应用技术手段并通过强大的数字能力使企业与企业之间做到流程自动化，这样的创造是一种从未有过的数字机会。创始人决心开始自主创新并开发区块链平台，抢占市场先机。2017 年，企业 D 对完全自主研发的区块链基础平台进行了开源，其创新的架构设计解决了区块链底层扩展性问题，并与招商银行、中钞区块链研究院、现在支付、众签科技等机构开展了区块链合作。企业 D 创造的是一种新的商业模式，让机器通过合约账户，脱离人的控制并拥有经济自主权，安全保管用户的财产，打造区块链的公有链，建立数字世界的信任，从而帮助实现企业间的流程自动化。

由此可见，企业 D 的创始人基于对区块链技术强烈的热爱，依托自身的数字能力创办了企业，并用区块链技术创造了"信任"，为数字平台的加密提供了基础设施和服务，也为个人用户、企业、银行和政府等多主体发展数字经济提供了更多的选择，创造了数字机会，对传统经济行业的模式进行了创新，并逐步实现企业间的流程自动化，力图构造一个统一的数字经济网络，从而完善现有的数字生态。

四　数据处理与呈现

（一）信度和效度分析

本章对 4 家新创企业进行案例比较和分析，综合采用访谈记录、主题分析、文本编码等工具，通过严谨的理论梳理、严密的逻辑分析以及严格规范的过程控制，结合案例研究的科学法则，确保研究的信度与效度（Yin，2010；陈晓萍、沈伟，2012）。案例研究的信度是指对典型案例资料的梳理分析可以进行重复检验，且能够获得相同的结果与结论。一般来说，可以通过制定研究计划、建立案例研究数据库、引用原始证据等方式保证案例研究的信度。案例研究的效度是指案例研究过程和结果能够准确测量出所需测量构念的程度，主要包括构念效度、内部效度和外部效度。构念效度是针对所要探讨的概念进行准确的操作性测量，可通过重复实施、建立证据链等方式来保证构念效度。内部效度是建立因果关系并说明某些条件或某些因素会引发其他条件或其他因素的发生，且不会受到其他无关因素的干扰，可通过模式匹配、解释和时间序列分析等方式保证内部效度。外部效度是指研究结果可以类推的范围，可通过理论回顾、跨案例比较等方式保证外部效度（苏敬勤、李召敏，2011；吕力，2014）。案例研究信度和效度分析的主要内容如表 2.2 所示。

表 2.2　案例研究的信度和效度分析

指标	研究策略	具体操作
信度	制订研究计划	结合案例研究步骤、相关文献、研究需求和现实情况等多方面制订研究计划，并在导师和专家的指导下完善研究计划
	建立案例研究数据库	建立案例研究数据库，将所收集到的文献和数据资料进行归类并入库，其内容主要包括调研记录、访谈资料、观察笔记、观察录像、档案数据和分析记录等
	引用原始证据	对二手数据进行原文引用并呈现证据链
构念效度	重复实施	在数据分析过程中详细记录实施的过程，并与研究团队共同分析、讨论直至达成一致
	建立证据链	依照连贯性和逻辑性原则，建立清晰的、连续的证据链
内部效度	模式匹配	验证构念间的关系，检验数据资料与理论命题之间的匹配程度
	解释	提出命题、构念、研究结论和因果模型，通过数据进行比对并决定是否修正因果关系
	时间序列分析	建立重大事件的时间轴和事件列表，分析变量或事件的发生顺序，以及对其他变量或事件的影响
外部效度	理论回顾	回顾本研究的理论基础和相关已有文献，实现理论与本案例研究的对话
	跨案例比较	遵循差别复制的逻辑和原则，并对所选案例进行多次比较

资料来源：根据相关文献整理。

（二）数据处理

数据处理是案例研究的核心，通过案例研究构建理论应包含 3 个关键要素：构念、构念间的关系命题、命题的理论依据（毛基业、陈诚，2017）。本书遵循陈晓萍、沈伟（2012）的案例研究数据处理建议，进行数据分析：①建立文本并对收集到的一手数据和二手数据进行数据摘记和誊写；②发展编码类别，整理并解析数据，基于已有文献的梳理结果总结构念的内涵和维度，最大限度地忠实于所获得的原始数据、条目和场景，建立更小的研究单位并进行编码，使每一个编码能反映一个相对独立的关键事件；③结合研究主题进行数据重组与归类；④根据数据提出的命题，初步构建理论框架；⑤进一步深入梳理和整合所有数据，建立理论研究框架。

案例研究的数据分析过程是一个不断迭代而非直线的过程，为了避免信息处理偏见或忽略重要信息，笔者和研究团队中另外两名博士生同时进行编码、讨论编码过程以及对比编码结果，当两两之间的分析结果出现矛盾时，再将结果传递给第三名博士生，重新对照案例数据进行分析、寻找矛盾并做出判断，结合导师和专家建议，最终得出相对统一的数据编码结果，如表2.3所示。

表2.3　关键构念与编码条目

单位：条

相关构念	关键词举例	案例企业编码条目				合计
		企业 A	企业 B	企业 C	企业 D	
数字能力	数字能力、数字战略能力、动态能力、新技术能力	12	9	7	10	38
数字机会发现	数字商机、发现需求、市场空白、数字信息、市场变化	8	11	6	9	34
数字机会创造	引导顾客和市场、创造需求、主动创新、沟通、社会互动、协同	6	10	5	13	34
商业模式创新	新商业模式、新产品、新服务、新方案、新方法、创新性	11	12	9	10	42
创业激情	激情、热情、动力、活力、身份	5	4	5	6	20
手段导向	已有手段、决策、逻辑、方法、导向、战略柔性、试错、试验	8	6	10	9	33

资料来源：根据相关资料整理。

第二节　数据分析与理论模型构建

案例研究的目标在于进一步聚焦本书的研究问题，明确研究问题中所涉及关键变量的概念，探索变量间的逻辑关系，并结合理论基础以构建数字能力对商业模式创新的关系模型，揭示数字能力对商业模式创新影响的路径机制。本书以已有文献为理论基础，结合案例数据分析，对数字能力、数字机会发现、数字机会创造、商业模式创新、创业激情和手段导向等变量的相关概念进行清晰的界定，明晰各变量的概念并深入理解其内容，从而构建本书的理论模型。

一 核心概念界定

（一）数字能力

在理论研究方面，Thomas 等（2014）认为，数字经济下的环境变化迅速，新创企业必须具有系统的数字能力，整合、配置内外部资源，把握机会并获取信息，更好地理解用户需求，减少新产品、新技术开发的时间和成本，降低市场风险，为企业的可持续发展提供驱动力。在数字环境下，数字能力是企业整合数字技术和专业数字人才所必需的，但已有文献对数字能力的关注仍然较少，更缺乏统一的定义（Khin and Ho，2019）。Scuotto 和 Morellato（2013）认为，数字能力是体现企业数字性的关键能力，能够使数字创业者以更加弹性的方式探索和利用新技术，促进自身能力的提升，保证数字创业的顺利开展。Levallet 和 Chan（2018）认为，数字能力是组织专注于可扩展、可适应和模块化数字技术的应用能力以及动态管理信息的能力。Khin 和 Ho（2019）认为，数字能力是企业在开发数字新产品过程中应用数字技术和管理专业知识的能力。朱秀梅等（2020）认为，数字能力是新创企业或创业者所具备的洞察数字创业局势、识别数字机会、捕获数字战略资源以及领导企业数字转型的综合能力，既包括静态的战略要素，也包含动态的过程要素。数字能力的战略特征是指新创企业聚焦于领先行动的战略高地，进行战略规划、战略制定、战略评估以及战略执行的能力（Zahra and Nambisan，2012）。不同行业、不同类型新创企业所具备的数字能力的战略特征存在差异，新创企业数字能力的战略特征越明显，数字机会的开发与增值空间越大（Heirman and Clarysse，2004）。数字能力的动态特征是指新创企业为适应变幻莫测的数字环境而必须具备的动态配置资源、把握动态市场信息和降低数字市场风险的能力（Autio et al.，2018）。

在案例实践方面，4 个案例企业的创始人均表现出了数字能力的存在，例如：企业 A 的受访者提到"我们有这样的能力去接这个项目，去填补市场的空白"；企业 B 的受访者提到"卫星从研发、制造、发射，到未来的服务，都要依托强大的数字化能力"；企业 C 的受访者提到"数字技术和能力是支撑社交平台顺利运营的基础"；企业 D 的受访者提到"只有不断提升数字化能力，才能打造数字世界的信任"（如表 2.4 所示）。

综合已有研究，本书认为数字能力是新创企业或创业者应用数字技术、明晰数字战略、洞悉数字发展形势、发现数字机会、获取数字资源、引领数字创业活动来推动企业发展以适应数字环境变化的综合能力。

（二）数字机会发现

在理论研究方面，Li 等（2017）认为，数字技术的发展对传统的创业者交互、机会认知和知识流动形式产生了变革性的影响，创业者拥有的数字能力能够促进其对数字技术的应用和开发，从而发现高质量数字机会。数字机会发现源于机会发现观，创业机会独立于创业者而客观存在，机会发现关注市场中已有的不完善性（Ardichvili et al.，2003）。余江等（2018）认为，数字机会发现是多样化创业主体在互动过程中不断发现新的数字机会的过程。朱秀梅等（2020）认为，数字机会发现是创业者与数字技术以及环境互动，从而感知环境并发现新数字机会的过程。

在案例实践方面，4 个案例企业的创始人均表现出了数字机会发现的存在，例如：企业 A 的受访者提到"各行业领军企业的数字化需求都很大，市场中存在大量的机会"；企业 B 的受访者提到"卫星遥感技术在民用以及商用领域的应用无处不在，但国内市场却没有这样的服务"；企业 C 的受访者提到"这样的小众人群存在巨大的商机"；

企业 D 的受访者提到"区块链技术的应用非常广泛，但目前仍缺少区块链平台的统一标准"（如表 2.4 所示）。

综合已有研究，本书认为数字机会发现是创业者基于数字技术以及现有的数字业务，对数字环境的互动感知过程，以及在数字平台、数字生态系统中进行信息搜索并发现数字机会的过程。

（三）数字机会创造

在理论研究方面，蔡莉等（2019）认为，数字技术提供了新的条件和平台，破坏了长期存在的成熟产业，推动传统产业的数字化升级，也为创业创造了新的数字机会。数字机会创造来源于机会创造观，机会创造是创业者和新创企业为创造机会而重新配置当前资源的创造性过程，是创业者通过创新打破市场均衡的结果（Alvarez and Barney，2014）。Grégoire 和 Shepherd（2012）认为，数字机会创造是利用数字技术的规模化和灵活性来创造新的机会的过程。Farani 等（2017）认为，数字机会创造是客观数字环境与数字新创企业进行认知互动并激发数字机会的过程。Nambisan（2017）认为，数字机会创造是知识和资源在数字平台共享的结果。刘志阳等（2020）认为，数字机会创造是创业主体基于数字技术和数字能力，通过共享数字信息或知识来创造数字机会的过程。

在案例实践方面，4 个案例企业的创始人均表现出了数字机会创造的存在，例如：企业 A 的受访者提到"未来或许云计算将不再是最重要的技术，与客户紧密合作才能共同创造更多机会"；企业 B 的受访者提到"我们在做的就是要创造更多的第一，创造更多的机会"；企业 C 的受访者提到"想知道用户要什么就要不断学习产品创新，并和用户共同创造"；企业 D 的受访者提到"我们正处于互联网下一次蜕变的起点，我们应该共同创造更多的机会"（如表 2.4 所示）。

综合已有研究，本书认为数字机会创造是创业者以及新创企业与数字技术和环境互动并创造性配置资源的过程，也是创业主体通过数字技术将一系列不断发展的想法进行碰撞、融合并实现的过程。

（四）商业模式创新

在理论研究方面，Zott 和 Amit（2010）认为，商业模式是描述企业如何在市场中做生意的全面视角，其解决的是企业创造价值、传递价值和获取价值的过程，但改变并不意味着商业模式创新，商业模式创新不仅是企业交易过程或者工作流程的革新，也是重新构建交易本身以及重新界定企业与产业的过程。企业的商业模式创新过程就是对已有交易方式的重新设计与优化，这个过程重塑了企业的价值创造方式。Demil 和 Lecocq（2010）认为，商业模式创新是企业既有模式要素互动所导致的新构造与新选择，促使企业系统演化、资源重新组合和新价值实现。Bucherer 等（2012）认为，商业模式创新是组织内部商业逻辑的变革，是企业核心要素和商业逻辑发生根本性改变的过程。De Oliveira 和 Cortimiglia（2017）认为，商业模式创新不仅是对已有企业结构的创新，也是对现有商业模式的改善与优化。罗兴武等（2018）认为，商业模式创新是新创企业对现有商业模式进行更新和再创造，探寻价值获取的新方式并创新企业价值创造系统的过程，包括聚焦客户隐形需求的开拓性商业模式创新以及聚焦客户显性需求的完善性商业模式创新。

在案例实践方面，4 个案例企业的创始人均表现出了商业模式创新的存在，例如：企业 A 的受访者提到"商业模式不能一成不变，只有创新才能拓展业务"；企业 B 的受访者提到"建立基于互联网的遥感信息平台，不断创新我们的模式"；企业 C 的受访者提到"除了帮助用户结识更多志同道合的朋友，软件还向用户提供创新的多样化服务模式"；企业 D 的受访者提到"互联网还缺乏对自我保障协议的支持，仍需要通过创新为自我保障协议提供支持"（如表 2.4 所示）。

综合已有研究，本书认为，商业模式创新是新创企业对现有商业模式以及交易结构进行调整、优化、重构和创造的活动，也是企业创新价值创造系统的过程。

（五） 创业激情

在理论研究方面，Cardon 等 （2009） 认为，创业激情是创业者通过参加与自我身份认同相关的创业活动而获得的强烈的积极情感，是促进创业成功的重要因素。Cardon 等 （2009） 将创业激情分为发现激情、创建激情和发展激情。发现激情主要集中在与识别新机会、创造新产品或新服务相关的活动上。创建激情主要集中在与新公司相关的活动上，比如建立法律实体，培育新生的公司，或者成为公司的所有者。发展激情主要集中在涉及企业增长的活动上，比如寻找新客户或员工，扩大产品或服务的市场。Breugst 等 （2012） 将创业激情定义为个体在创业情境下所产生的工作激情，是创业活动内化到创业者的身份认同过程中所产生的积极而强烈的情绪。Ho 和 Pollack （2014） 认为，创业激情是创业者在从事创业活动过程中所表现出来的持久而强烈的积极情绪。Gielnik 等 （2015） 指出，创业激情是创业者在创业活动中产生的热烈情绪，表现为对创业工作的强烈的热爱。

在案例实践方面，4 个案例企业的创始人均表现出了创业激情的存在，例如：企业 A 的受访者提到 "保持创业的激情能为企业带来长足的进步"；企业 B 的受访者提到 "没有激情就没有任何事业可言"；企业 C 的受访者提到 "对事业充满激情是支撑我坚持下来的动力"；企业 D 的受访者提到 "创业永远需要激情，保持这份激情才能使我们坚持下来，并保持这份创业的执着"（如表 2.4 所示）。

综合已有研究，本书认为，创业激情是创业者通过创业活动而获得的自我认同和强烈的积极情感。

（六） 手段导向

在理论研究方面，Sarasvathy （2001） 提出了创业者以既定手段为基础的决策逻辑方式的效果推理理论。在此基础上，张玉利、赵都敏 （2009） 认为，手段导向是指创业者在不确定的情形下识别多种可能的潜在市场，不在意预测信息，承受他们可承担的损失，在与外部资源持有者互动的过程中建立利益共同体，整合更多稀缺资源，并充分利用突发事件来创造可能结果的一种逻辑思维方式和行为方式。Perry等（2012）认为，手段导向是从既有手段出发，利用现有手段来采取行动和实现效果，即利用有限的手段努力创造新的成果的行为方式，手段导向包含试验、可承受损失、柔性和先前承诺4个维度，即新创企业强调保持柔性，在可承受损失的原则下尽可能多地尝试新的商业模式，并通过获取先前承诺以降低不确定性。手段导向作为一种包含学习型战略的决策逻辑和行为方式，可以帮助新创企业在创业行动中持续迭代学习，以利用高不确定性创造价值。于晓宇、陶奕达（2018）认为，手段导向是决策制定者将一系列既定手段视为已知的，并利用这些既定手段创造出尽可能多的结果以及在结果中进行选择的过程。

在案例实践方面，4个案例企业的创始人均表现出了手段导向的存在，例如：企业A的受访者提到"我们会根据竞争对手的发展动态进行学习和创新"；企业B的受访者提到"最大限度地依托自身技术和资源推进产品研发"；企业C的受访者提到"根据市场变化调整战略方向，这有利于在各个市场稳步发展"；企业D的受访者提到"战略的柔性至关重要"（如表2.4所示）。

综合已有研究，本书认为，手段导向是一种基于效果推理理论的逻辑决策，表现为创业者在不确定情境下整合机会与资源的独特互动过程以及特定的思维和行为方式。

表2.4 核心概念描述

相关概念	案例A	案例B	案例C	案例D
数字能力	"我们有这样的能力去接这个项目，去填补市场的空白"，"不断提升自身技术和数字合作能力，才能保证企业的可持续发展"	"卫星从研发、制造、发射，到未来的服务，都要依托强大的数字化能力"，"提升卫星遥感技术的服务水平需要我们加强自身的数字能力"	"数字技术和能力是支撑社交平台顺利运营的基础"，"数字能力的提升使我们可以拥有越来越多的优秀业务"	"只有不断提升数字化能力，才能打造数字世界的信任"，"数字技术和能力的进步可以让我们的生活和经济变得更加有趣"

相关概念	案例 A	案例 B	案例 C	案例 D
数字机会发现	"各行业领军企业的数字化需求都很大，市场中存在大量的机会"，"国内云计算的发展还不成熟，但这会是未来的一个趋势"	"卫星遥感技术在民用以及商用领域的应用无处不在，但国内市场却没有这样的服务"，"国内数字技术的发展非常迅猛，太多的软件都需要用到商业卫星技术"	"这样的小众人群存在巨大的商机"，"无论国内还是国际，都存在这样的需求，这是一个可以快速发展的机会"	"区块链技术的应用非常广泛，但目前仍缺少区块链平台的统一标准"，"区块链可以解决数字世界的信任难题"
数字机会创造	"未来或许云计算将不再是最重要的技术，与客户紧密合作才能共同创造更多机会"，"有时候用户的参与会给我们带来不一样的灵感，创造出不一样的机会"	"我们在做的就是要创造更多的第一，创造更多的机会"，"希望我们可以和更多的本地科技企业合作创新，创造未来，带动东北的经济发展"	"想知道用户要什么就要不断学习产品创新，并和用户共同创造"，"有些问题书本上没有答案，需要我们去创造一个机会来谱写这个答案"	"我们正处于互联网下一次蜕变的起点，我们应该共同创造更多的机会"，"我们希望创造这样的机会来实现企业间的商业流程自动化"
商业模式创新	"商业模式不能一成不变，只有创新才能拓展业务"，"'云+行业'的商业模式不能永远带来成功，'行业+N'的创新模式才是未来"	"建立基于互联网的遥感信息平台，不断创新我们的模式"，"客户有什么样的需求，我们就应该进行什么样的商业模式创新"	"除了帮助用户结识更多志同道合的朋友，软件还向用户提供创新的多样化服务模式"，"我们是个'少数派'，是中国为数不多实现全球化发展模式的公司"	"互联网还缺乏对自我保障协议的支持，仍需要通过创新为自我保障协议提供支持"，"打造一个可以支持所有标准的平台是我们最大的模式创新"
创业激情	"保持创业的激情能为企业带来长足的进步"，"创业只有激情是远远不够的，但激情却赋予了我们很多东西"	"没有激情就没有任何事业可言"，"创业初期很艰难，唯有最初的那份创业激情才能让我坚持下来"	"对事业充满激情是支撑我坚持下来的动力"，"创业要抓准人群的需求和痛点，同时仍需保持创业激情"	"创业永远需要激情，保持这份激情才能使我们坚持下来，并保持这份创业的执着"，"创业路上永远需要激情、执着和谦虚"

续表

相关概念	案例 A	案例 B	案例 C	案例 D
手段导向	"我们会根据竞争对手的发展动态进行学习和创新"，"随时根据市场环境和政策变化对战略进行调整"	"随时关注国家政策和市场政策的动态变化，最大限度地依托自身技术和资源推进产品研发"，"连接不同行业，构建商业卫星的生态圈"	"我们根据不同国家的文化特点，组建本土创业团队，并招聘相应人才"，"根据市场变化调整战略方向，这有利于在各个市场稳步发展"	"有时标准不统一，需要根据已有手段打通各个入口，将它们融合在一起"，"战略的柔性至关重要"

资料来源：根据资料整理。

二　理论模型构建

本书以数字能力、数字机会发现、数字机会创造、商业模式创新、创业激情和手段导向的已有文献为理论基础，结合案例数据的分析结果和各变量的概念界定，探索并明晰各变量间的逻辑关系，从而构建本书的理论模型。

（一）数字能力对数字机会发现和数字机会创造的影响

动态能力理论认为，动态能力是企业在不断变化的竞争格局中保持竞争优势的关键因素，企业能否识别和开发创业机会对企业的生存和发展具有重要作用（Teece and Pisano，1994；Teece et al.，1997）。Thomas 等（2014）认为，新创企业可以运用数字能力整合、配置内外部资源，更好地理解用户需求，发现和创造数字机会，从而实现可持续发展。因此，本书对 4 个案例中数字能力与数字机会的关系进行了分析，探索在新创企业中数字能力对数字机会发现和数字机会创造的影响。通过案例分析发现，数字能力对数字机会发现和数字机会创造均产生了影响。

一方面，数字机会发现是基于数字技术和数字业务对数字环境的感知过程，也表现为在数字平台、数字生态系统中进行的信息搜索过程。数字能力反映了创业者和新创企业应用数字技术、整合和重新配置其内外部数字资源的综合能力，通过自身的数字能力，新创企业可以确定自身的数字定位，这能够为企业提供信息的源泉并帮助其发现和评估数字机会。通过对受访者回答的整理与分析我们发现，案例企业 A、企业 B、企业 C 和企业 D 均表现出数字能力对数字机会发现的重要作用，当谈及数字能力对数字机会发现的影响时，企业 A 的受访者认为，"公司很早就已经投入云计算领域的研究工作，市场上非常需要商用基础架构云产品，各行业领军企业的数字化需求都很大，市场中存在大量的机会……我们有这样的能力去接这个项目，去填补市场的空白"；企业 B 的受访者认为，"卫星遥感技术在民用以及商用领域的应用无处不在，但国内市场却没有这样的服务……我们就是定位在商业卫星领域，通过商用满足客户的需求，提供这样的服务"；企业 C 的受访者认为，"数字技术的发展拉近了人们之间的距离，在数字社区上活动的小众人群，无论国内还是国际，都存在这样的需求，这是一个可以快速发展的机会"；企业 D 的受访者认为，"我们的创始人是市值第二大的项目唯一的中国成员，他常常思考能不能通过技术的手段，使得企业与企业之间，而并不限于企业内部，也能做到流程自动化……这是区块链领域的创业机会，也只有在数字技术发展的今天才可能解决这个问题"。综合以上对案例企业的梳理可以发现，数字能力对数字机会发现有积极的影响。

另一方面，数字机会创造是新创企业应用数字技术和环境互动并创造性配置资源的过程，也是不同创业主体进行想法碰撞、融合并实现的过程。数字能力反映了创业者和新创企业主动感知环境和信息的能力，拥有较高数字能力的新创企业更能够应用数字技术来处理、协调二元和多元关系，从而更好地开发数字机会。通过对受访者回答的整理与分析我们发现，案例企业 A、企业 B、企业 C 和企业 D 均表现出数字能力对数字机会创造的重要作用，当谈及数字能力对数字机会创造的影响时，企业 A 的受访者认为，"云计算是支撑我们的关键技术，有时候用户的参与会给我们带来不一样的灵感，创造出不一样的机会"；企业 B 的受访者认为，"企业不可能做所有的事情，希望我们可以和更多的本地科技企业合作创新，创造未来，带动东北的经济发展"；企业 C 的受访者认为，"用户的潜在需求有时候潜藏在表面需求之下……想知道用户要什么就要不断学习产品创新，并和用户共同创造"；企业 D 的受访者认为，"我们正处于互联网下一次蜕变的起点，我们应该共同创造更多的机会"。综合以上对案例企业的梳理可以发现，数字能力对数字机会创造有积极的影响。

（二）数字能力对商业模式创新的影响

创新理论认为，商业模式创新是由技术方向触发的，并通过企业基础能力实现（Ghezzi and Cavallo，2020）。Khin 和 Ho（2019）认为，只有具备数字能力的企业才更倾向于采用数字技术，并致力于将数字技术转化为新产品，所以具有数字能力的企业更能够实现创新。商业模式创新是新创企业对现有商业模式进行创新和再创造的过程。数字技术的发展为新创企业的商业模式提供了新的创意来源，而数字能力则是新创企业进行商业模式创新的基础，也是推动商业模式创新的动力。同时，数字环境的变化日新月异，需要新创企业运用数字能力持续扫描数字环境以发现新的数字机会，并重构、整合现有资源以实现数字机会的创造（刘洋等，2020）。数字能力对商业模式创新有重要的影响，同时数字能力可以通过数字机会发现、数字机会创造影响商业模式创新。因此，本书对 4 个案例中数字能力与商业模式创新的关系进行了分析，探索在新创企业中数字能力对商业模式创新的影响。

首先，数字能力可以通过数字机会发现对商业模式创新产生重要影响。通过对受访者回答的整理与分析我们发现，案例企业 A、企业 B、企业 C 和企业 D 均表现出数字能力可以推动数字机会的发现，进而促进企业的商业模式创新。例如，企业 A 的受访者认为，"我们的团队氛围很好，市场需求不是一成不变的，领导也相信我们有能力去创新,去满足市场的需求";企业 B 的受访者认为,"遥感信息平台就是我们的模式创新……有的客户想要通过卫星拍摄长白山雪景,有的客户还想通过卫星拍摄求婚的图片,这在我们的平台都可以实现";企业 C 的受访者认为,"我们为小众群体提供交流的平台本身就是一种创新……除了帮助用户结识更多志同道合的朋友,软件还向用户提供创新的多样化服务模式";企业 D 的受访者认为,"互联网还缺乏对自我保障协议的支持,仍需要通过创新为自我保障协议提供支持,我也认为我们有这样的能力满足这样的需求"。综合以上对案例企业的梳理可以发现,数字能力可以通过数字机会发现对商业模式创新产生重要影响。

其次,数字能力可以通过数字机会创造对商业模式创新产生重要影响。通过对受访者回答的整理与分析我们发现,案例企业 A、企业 B、企业 C 和企业 D 均表现出数字能力可以激发数字机会的创造,进而促进企业的商业模式创新。例如,企业 A 的受访者认为,"我们的发展定位就是坚持以云计算技术为核心,带动传统产业升级,创新固有的商业模式和产业结构";企业 B 的受访者认为,"商业卫星的发展不是我们一家企业能够完成的,卫星的设计、制作和维护需要上下游企业的共同努力,这涉及机械设计、光学制造、半导体制造、遥感技术等多方面的配合,卫星的研发也需要科研院所、高校的参与,卫星产业能够为东北的创新创业发展创造无数的机会,更为东北的振兴发展提供了强劲动力";企业 C 的受访者认为,"科技改变了世界,人类发展思维改变了……我们所做的和所倡导的是通过科技创造新的机会,让科技充满温度,这才是世界真实的归属";企业 D 的受访者认为,"区块链技术固然是个新的机会,但用户越来越多、时间越来越长,面对越积越多的区块链数据该怎么办……我希望我们所做的能够帮助协调生态中各方的利益,共同创造更多的机会,达到长期的安全和持久的稳定"。综合以上对案例企业的梳理可以发现,数字能力可以通过数字机会创造对商业模式创新产生重要影响。

最后，数字机会发现也积极影响着数字机会的创造过程。例如，企业 A 的受访者认为，"现在，企业的云计算能力可以满足市场的需求，但随着技术的不断更替，或许云计算将不再是我们最重要的技术和能力支撑，届时我们就需要更多的创造和创新"；企业 B 的受访者认为，"发现和匹配市场的需求是远远不够的，还需要携手去创造更多的可能"；企业 C 的受访者认为，"我们还要不断拓宽业务边界，覆盖更广泛的用户和需求，通过优势互补和战略协同，创造更广阔的市场空间"；企业 D 的受访者认为，"我们希望能够基于自己的理解，探索鱼与熊掌兼得的方案，创造一种更为通用的架构，为行业发展做出更多的贡献"。综合以上对案例企业的梳理可以发现，数字机会发现对数字机会创造也存在重要的影响。

（三）创业激情在数字能力与数字机会发现以及数字能力与数字机会创造之间的作用

本部分的主要目的是通过案例研究探索创业激情在数字能力与数字机会发现以及数字能力与数字机会创造之间的调节作用。由于 4 个案例没有形成对比组，不能通过对比说明创业激情的调节作用，因此，本书根据受访对象对创业激情作用的主观判断进行了分析。创业者是创业活动的关键主体，创业者在创业过程中对新创企业的生存和发展具有重要作用。创业的过程往往会受到创业者特性、情绪、思想和决策逻辑的影响。如前文所述，对调研案例分析可知，数字能力对数字机会发现和数字机会创造有重要的影响。数字能力通过影响企业对环境的感知和对资源的创造性配置过程推动企业发现和创造数字机会，但这个过程充满了不确定性，并不是一蹴而就、自然而然发生的，需要创业者保持创业激情，加强数字能力对数字机会发现以及数字机会创造的影响。

首先，通过梳理案例发现，创业激情可以影响数字能力与数字机会发现的关系。例如，企业 A 的受访者认为，"我们做事就是要充满激情，云计算的服务是基于企业的技术和战略能力的，相信云计算将越来越融入我们的生活"；企业 D 的受访者认为，"区块链带来的价值并非源自其技术的复杂性而是它的功能特性和能力，虽然现在区块链很热门，市场上也充满了需求和机会，但是市场反应还是'雷声大雨点小'，这就需要我们保持最初那份激情坚持下去，相信公司未来的发展"。

其次，通过梳理案例发现，创业激情可以影响数字能力与数字机会创造的关系。例如，企业 A 的受访者认为，"云计算的开发很多时候需要价值网络中的企业共同参与，拥有激情才能调动大家的积极性"；企业 B 的受访者认为，"卫星技术是造福普通大众的一种高精尖端科技，创业过程很艰难，创始人那份对梦想的执着和创业的激情深深地打动了我，我才决定加入这个团队"。本部分主要是依据受访者的主观判断，从定性描述视角说明创业激情在数字能力与数字机会发现以及数字能力与数字机会创造关系间的调节作用，本书将会进一步通过理论分析和实证检验深度挖掘创业激情的调节作用机制。

（四）手段导向在数字机会发现与商业模式创新以及数字机会创造与商业模式创新之间的作用

手段导向是创业者在不确定情境下创建新企业的独特决策过程，手段导向作为一种学习型的战略决策有助于新创企业在创业行动中迭代学习并创造价值。数字机会发现和数字机会创造促进了对资源的配置和利用，满足市场并开发新的价值，从而引导了企业的商业模式创新，手段导向可以更好地促进机会和资源相互匹配，加速组织活动的更新与迭代，帮助新创企业在匹配的过程中学习，从而更好地进行商业模式创新。

首先，通过梳理案例发现，手段导向可以影响数字机会发现与商业模式创新的关系。例如，企业 A 的受访者认为，"我们会根据竞争对手的发展动态进行学习和创新……这能够帮助我们快速将需求变现，调整企业发展方向，更好地完善我们的商业模式"；企业 D 的受访者认为，"有时标准不统一，需要根据已有手段打通各个入口，将它们融合在一起……让用户可以从任何入口进入区块链，这就是我们的模式创新"。

其次，通过梳理案例发现，手段导向可以影响数字机会创造与商业模式创新的关系。例如，企业 B 的受访者认为，"我们也在不断地学习和调整，需要和整个链条上的企业共同合作创新……连接不同行业，构建商业卫星的生态圈"；企业 C 的受访者认为，"我们根据不同国家的文化特点……结合当地的市场需求并引入创新内容，调整我们的软件内容和商业模式"。本部分主要是依据受访者的主观判断，从定性描述视角说明手段导向在数字机会发现与商业模式创新以及数字机会创造与商业模式创新之间关系的调节作用，本书将会进一步通过理论分析和实证检验深度挖掘手段导向的调节作用机制。

（五）研究模型的提出

综上所述，本书基于多案例研究，通过对调研案例的整理分析，总结并明晰了案例中所体现的数字能力、数字机会发现、数字机会创造、商业模式创新、创业激情和手段导向的概念，以及变量间的内在逻辑联系。具体来说，数字能力对新创企业适应数字环境，引导企业进行商业模式创新具有重要作用，根据动态能力理论、创业机会理论和创新理论，数字能力通过推动数字机会发现和数字机会创造对商业模式创新产生重要促进作用，同时数字机会发现还对数字机会创造有积极影响。在此过程中，创业激情对数字能力与数字机会发现以及数字能力与数字机会创造的关系具有强化作用，手段导向对数字机会发现与商业模式创新以及数字机会创造与商业模式创新的关系具有强化作用。基于此，得到本书的理论模型，即数字能力与商业模式创新的关系模型，如图 2.1 所示。

由于受到案例数量和访谈材料数量的限制，本部分只是通过案例研究的叙述方式对理论模型进行提炼，却无法验证数字机会发现、数字机会创造在数字能力影响商业模式创新过程中的连续中介作用。因此，本书将在理论论证和实证检验部分围绕数字能力、数字机会发现、数字机会创造、商业模式创新、创业激情与手段导向这些变量间存在的逻辑关系进行更为深入的论证，提升本书的理论价值和实践意义。

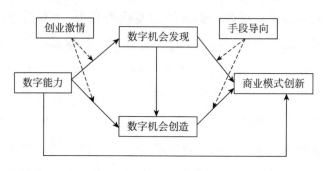

图 2.1　理论模型

第三节　本章小结

本章基于理论研究基础，依据提出的研究问题，通过案例研究方法对典型案例进行分析和总结，结合相关变量的理论研究，提出并构建了本书的理论模型。

首先，提出了 6 个研究问题：①数字能力是不是影响新创企业商业模式创新的重要因素？②数字能力如何影响数字机会发现和数字机会创造过程？③数字机会发现和数字机会创造对商业模式创新有着何种作用？④数字机会发现和数字机会创造是否能够在数字能力影响商业模式创新的过程中起到中介作用？⑤创业激情能否在数字能力与数字机会发现以及数字机会创造的关系之间发挥调节作用？⑥手段导向能否在数字机会发现以及数字机会创造与商业模式创新的关系之间发挥调节作用？

其次，采用探索性多案例研究方法，以北京市、西安市、杭州市以及长春市的 4 家新创企业为研究对象，对案例研究过程和案例企业背景进行细致的描述，阐述了选择案例研究方法的原因，按照严谨的研究步骤，保证案例研究的信度和效度，充分展现了案例研究的数据收集、整理和分析过程。

最后，围绕研究问题并依据数据资料，对理论模型的相关核心变量数字能力、数字机会发现、数字机会创造、商业模式创新、创业激情和手段导向进行了清晰的概念界定，并以此为基础探讨了核心变量间的关系，提出了本书的模型框架，为后续研究假设的提出和大样本实证检验提供基础。

第三章　研究假设的提出

本章在前文构建的研究模型的基础上，深入探讨和剖析数字能力、数字机会发现、数字机会创造、商业模式创新、创业激情和手段导向之间的逻辑关系，分析数字能力对商业模式创新的影响、数字机会发现和数字机会创造在数字能力与商业模式创新关系中起到的中介作用以及创业激情和手段导向的调节作用。针对上述研究目的，本章将在研究模型的基础上提出理论假设，从理论方面揭示数字能力影响商业模式创新的内在机制。

第一节　数字能力与商业模式创新

面对不断变化的商业和创业环境，新创企业的创业者必须了解企业的商业模式，更要洞悉商业模式创新所需要的方法、资源和能力。由于新创企业成立时间短，存在资源匮乏、抗风险能力差、组织制度和行为规范还不够完善等特点，往往无法在短时间内顺利获取资源，也无法迅速形成内嵌于组织的成熟创业方法来推动企业的创新过程，因此，能力对新创企业的生存和发展尤为重要（Heirman and Clarysse, 2004）。动态能力理论认为，在不断变化的创业环境下，特定的动态能力能够帮助企业实现创新过程。Nambisan（2017）指出，在数字创业环境下，企业的数字产品开发和商业模式创新能否成功高度依赖于企业的数字能力。数字能力是创业者或新创企业在数字环境下，为开发新产品或迅速应对环境变化而持续地建立、调适、重组其内外部资源的综合能力（Khin and Ho，2019）。数字能力是企业在数字环境下生存和竞争的关键因素，也是商业模式创新的微观基础。具备数字能力的企业更倾向于采用数字技术来开发新产品、改变客户体验、改善运营流程和优化业务模型，从而更能够实现商业模式的创新（Westerman et al.，2012；Khin and Ho，2019）。

首先，数字能力能够提升企业的战略敏感性和战略灵活性，从而促进商业模式创新。从战略角度来看，商业模式创新是企业不断做出决策来改变已有商业模式的过程（Casadesus and Ricart，2010），这需要企业在新的数字环境下适时地做出前瞻性反应，提升战略敏感性，制定适应市场需求的新战略。数字能力包含的战略要素可以使新创企业聚焦于领先行动的战略高地，进行符合企业数字化发展方向的战略规划、战略制定、战略评估以及战略执行（朱秀梅等，2020），为企业的数字化发展指明方向，提升企业的数字化战略敏感性，帮助企业设定发展目标并适时调整组织结构，从而驱动企业朝数字化方向进行商业模式创新（Sinkovics et al.，2014）。同时，数字能力可以增强企业的战略灵活性，帮助企业及时在数字环境下做出迅速的反应（Doz and Kosonen，2010；Mezger，2014），使企业可以借鉴吸收成功商业模式的经验，规避风险并不断在实践中改进自身的治理结构以及企业价值创造和企业价值获取的模式，从而实现自身的商业模式创新。

其次，数字能力能够提升创业者对企业资源的重构方式，从而促进商业模式创新。从动态性角度来看，创新理论认为，企业资源和资源重构方式决定了企业是否能够在发展商业模式的同时进行商业模式创新（Winterhalter et al.，2015）。商业模式创新本质上就是通过技术、市场、商业模式相关知识的系统性设计来指导资源重构以创造价值的过程（Mezger，2014）。数字能力包括动态过程要素，这种数字化的动态能力能够帮助新创企业适应变幻莫测的数字环境，动态地配置资源并优化和提升企业对资源的重构方式（Autio et al.，2018；朱秀梅等，2020），使企业围绕新的业务领域重新构建组织结构及技术系统，从而促进商业模式创新。同时，企业的动态性是实现商业模式创新的重要前提。Augier和Teece（2009）认为，当企业面对动态的环境时，特定的动态能力能够帮助企业实现商业模式创新。数字经济时代的创业环境在数字技术快速发展和普及的背景下更加具有动态性（余江等，2018），数字能力能够帮助新创企业把握动态市场信息和降低数字市场风险，使企业有能力在维持自身可持续发展的同时进行商业模式创新（Demil and Lecoq，2010）。

综上所述，本书提出如下假设。

H1：数字能力对商业模式创新具有正向影响。

第二节　数字机会发现在数字能力与商业模式创新之间的中介作用

数字环境变化迅速，新创企业需要系统的数字能力来整合、配置内外部资源，把握机会并获取信息，更好地理解用户需求，减少新产品、新技术开发的时间和成本，降低市场风险，为企业的可持续发展提供驱动力（Thomas et al.，2014）。然而，创业活动往往具有复杂性及因果不确定性，创业者和企业成员可能在创业活动中缺乏对创业机会的精准发现和把控，从而不能对资源进行有效整合和利用，尤其是数字技术的发展对传统的创业者交互、机会认知和知识流动形式产生了变革性的影响，数字机会也呈现碎片化和动态性等特征，这意味着新创企业能否发现高质量数字机会，在一定程度上关系着企业的创新和创业活动能否成功（余江等，2018）。拥有数字能力的新创企业能够更专注于数字技术的应用和开发，更好地发现市场中的数字机会（Li et al.，2017），挖掘已有机会的内在价值，从而促进商业模式创新。也就是说，数字能力经由数字机会发现影响企业的商业模式创新。

首先，数字能力能够提升创业者的信息感知水平，从而促进数字机会发现。数字机会发现是创业者基于数字技术以及现有的数字业务对数字环境的感知过程，以及在数字平台、数字生态系统中进行的信息搜索过程。这个过程也是创业者与数字技术以及环境之间的信息互动过程（朱秀梅等，2020）。数字能力能够影响创业者对环境和信息的感知水平，拥有较强数字能力的创业者更倾向于使用数字化技术和社交媒体以及其他新兴技术搜索信息，从而能更好地感知和发现数字机会。同时，数字机会有别于传统创业机会的地方在于创业主体对机会发现过程有关键影响（蔡莉等，2019）。数字能力反映了创业者利用数字平台、数字生态系统等信息渠道与世界各地不同文化、职业、社会层级的人建立联系的能力，这打破了传统市场信息的边界，拓展了信息的来源，能够帮助创业者融合不同文化、理念和思维，从而发现不同于熟知和已知市场的数字机会。

其次，数字机会发现能够提升创业者的创新能力，从而促进企业的商业模式创新。George 和 Bock（2011）认为，商业模式创新就是企业为抓住机会而进行的组织设计活动。Zott 和 Amit（2010）认为，商业模式创新就是企业开发和利用机会以实现价值创造的活动。发现并利用机会是企业进行商业模式创新的基础和驱动力，面临资源约束和成本压力问题的新创企业，经常采取完善现有技术、流程和工艺等成本较低的机会发现活动提升产品以及商业模式的创新程度（郭海、韩佳平，2019）。在数字环境下，开发数字产品和探索数字技术日益成为新创企业在不确定环境下取得成功的关键因素，新创企业可以通过数字机会发现获取新知识、培育新产品，增强创新能力和环境适应能力，从而更好、更快地把握机会并实现价值的创造，促进商业模式创新。

最后，数字能力可以通过数字机会发现促进商业模式创新。一方面，依据动态能力理论和创业机会理论，动态能力有助于引导企业识别机会和获取资源，但这些机会和资源并不能直接转化为创新活动和竞争优势，需要对机会和资源进行有效利用。数字环境带来了技术革新，但这个革新的过程也伴随着经济和制度的快速变动，带来了相对不发达的要素和产品市场。数字能力能够帮助创业者确定自身的数字定位，在相对不发达的要素和产品市场拓展信息的来源渠道，以更好地发现并评估数字机会，对数字机会的追寻又会引导其对内部资源的调整，促进机会和资源的相互匹配，更好地实现机会价值，从而促进商业模式创新（彭秀青等，2016）。另一方面，数字能力能够提升信息搜索效率，使企业根据所发现的数字机会来优化资源的重构方式，从而将资源和机会迅速转化为企业价值，促进企业的商业模式创新。

综上所述，本书提出如下假设。

H2：数字能力对数字机会发现具有正向影响。

H3：数字机会发现对商业模式创新具有正向影响。

H4：数字机会发现在数字能力与商业模式创新之间起到中介作用。

第三节 数字机会创造在数字能力与商业模式创新
之间的中介作用

数字时代是各种因素瞬息万变的时代，产业组织形态和实体经济形态不断重塑，导致技术、组织或经营范式都不可能一成不变，而变革往往要求企业不断审视自身的战略，借助数字机会创造、资源重组、流程再造等机制实现战略与数字环境的匹配，进而开发商业领域的新模式，创造极具竞争优势的新业态（Balocco et al.，2019；Ferreira et al.，2019；刘志阳等，2020）。在数字环境下，创业者作为变革发起者往往会主动创造数字机会，通过利用新技术、新原料和新知识等来引发创造性破坏，从而打破经济系统的均衡状态，推动企业发展

（Grégoire and Shepherd，2012；余江等，2018）。数字机会的创造过程需要创业者和企业拥有相关的数字能力，通过数字技术将不同的个体、组织和社会因素相结合，创造多样化的数字机会，这种创业者主动的机会、资源和环境匹配过程促进了新价值的创造，从而促进了企业的商业模式创新。也就是说，数字能力可以经由数字机会创造过程影响企业的商业模式创新。

首先，数字能力不仅能够保障新创企业根据需求变化创新产品和服务，还能够促进新创企业与多主体间的深层次互动，从而推动数字机会的创造过程。大量新的数字机会来源于数字产品与服务重构所创造的市场以及多主体参与所导致的创新应用（Nambisan，2017）。拥有高水平数字能力的企业能够应用数字技术搭建或利用新的数字平台，增加产品和服务的数字化特性，或重构数字产品与服务以匹配市场的需求，这为创业创造了新的数字机会（蔡莉等，2019）。同时，数字机会创造也是创业主体通过数字技术将一系列不断发展的想法进行碰撞、融合并实现的过程（Li et al.，2017）。数字能力反映了企业与用户、供应商、政府或研究机构等创业主体建立合作关系的能力与倾向，强化了利用合作关系进行创业活动的重要性，也强化了创业主体通过数字技术交换信息、知识并创造新知识的方式和意愿（朱秀梅等，2020）。这种互动能够共享和扩散知识与经验，提高潜在数字机会的价值、安全性和创新性，这保证了企业会尽最大努力维持与多主体之间的合作关系以创造更多的数字机会。

其次，数字机会创造能够为企业的商业模式创新提供价值指导和资源支撑，从而促进企业进行商业模式创新活动。数字机会的创造过程强调企业通过数字平台与多主体进行信息的共享，这有助于创业者和企业更好地理解市场偏好、技术创新、资源结构等方面的现状和发展方向，从而更好地进行创业决策，为商业模式的设计和实现提供指导方向，促进商业模式创新（Schneckenberg，2019）。此外，商业模式创新会受到市场需求的影响（Sinkovics et al.，2014）。数字机会创造有助于促进数字新产品和新服务的开发，更有效地满足市场需求，甚至创造市场需求和用户价值。产品和服务的开发是企业内部知识和外部知识结合的产物（Gupta，2000），在效率至上的数字时代，新创企业往往无法独自进行产品和服务的全部研发，此时企业与有丰富知识和资源的多主体开展合作共享以及学习活动，可以促进信息和知识的跨组织传递（刘志阳等，2020），提高产品和服务开发的效率和效果，为客户创造更多的需求和价值，从而促进企业进行商业模式创新。

最后，数字能力可以通过数字机会创造促进商业模式创新。一方面，创业机会理论和创新理论认为，商业模式创新需要通过重新组合机会和资源要素以得到新的价值属性（陈卉等，2019）。数字机会作为数字环境下新创企业进行创业活动的关键要素，不仅为创业者和用户搭建了桥梁，也在创业主体之间构建了一个价值网络。企业的数字能力可以使其在这个数字化的价值网络中与不同创业主体结合，改变产品和服务的边界，创造多样化的数字机会（余江等，2018）。这个过程也不断调整和改变着企业自身的价值创造模式和价值主张，使其能够更好地适应整个价值创造网络，从而实现商业模式创新（Bohn-sack et al.，2014；吴晓波、赵子溢，2017）。另一方面，商业模式创新并不必然需要新技术（Mezger，2014），但是通过新技术创造大量创业机会的过程往往能够带动企业的商业模式创新（Khanagha et al.，2014）。拥有高水平数字能力的企业往往更倾向于应用和开发数字技术，并在不同的社会应用场景下将不同的数字技术与个体、组织和社会因素相结合，重新定义市场的机制和规则，从而创造大量的数字机会，这使得企业要将自己创造的价值传递到客户的手上，必然要创新商业模式，以匹配市场需求并实现组织目标和社会目标（吴晓波、赵子溢，2017）。

虽然数字机会发现和数字机会创造的过程都是对数字机会的利用

以及价值挖掘，但是数字机会发现和数字机会创造过程仍存在较大差异，区别在于所针对的数字机会的内在属性不同，以及对数字机会的利用方式不同。数字机会发现所针对的数字机会主要产生于技术革命带来的市场失衡以及数字组件与需求的重新组合，不确定性较小。数字机会创造所针对的数字机会则多是创业主体通过构造新的手段与目的的关系来创造的，是一种创新度高且超越现有知识的机会，具有较强的变革性、创造性以及较大的不确定性。同时，数字机会发现和数字机会创造对数字机会的利用方式也存在差异。数字机会发现更注重企业与数字环境之间的互动以及通过数字技术探索未知领域和全新组合的过程，而数字机会创造更注重企业为创造数字机会而重新配置当前资源以及与创业主体间频繁互动的创造性过程。因此，分别揭示数字机会发现以及数字机会创造这两种不同的机会方式在数字能力与商业模式创新关系中的路径作用，能够完整地反映数字机会的整体状况和内在差异。

综上所述，本书提出如下假设。

H5：数字能力对数字机会创造具有正向影响。

H6：数字机会创造对商业模式创新具有正向影响。

H7：数字机会创造在数字能力与商业模式创新之间起到中介作用。

第四节　数字机会发现和数字机会创造在数字能力与商业模式创新之间的连续中介作用

机会发现观认为创业机会是客观存在的，是外部市场或行业受到冲击形成的（Shane and Venkataraman，2000），而机会创造观认为创业机会本质上是一种主观的社会建构，是由创业者、企业与其他主体以及环境的互动形成的。然而，在创业实践中，由于不同属性的机会往往会共同存在，机会发现观和机会创造观都无法单独阐释主观和客观机会的成因及其应用过程（毕先萍、张琴，2012）。因此，有学者提出，机会发现与机会创造并不是完全独立的，两者之间存在良性循环，在企业的动态发展过程中，机会发现会逐渐向机会创造转变，且机会发现可以促进机会创造（Zahra and Nambisan，2012）。从实践发展来看，许多企业存在数字发现机会向数字机会创造转变的现象。例如，海尔集团在转型初期，重点在于适应环境的变化以识别和发现数字机会，随后海尔通过与环境和多主体的不断互动联合，实现内外部数字资源和非数字资源的集聚，以共同创造更多的数字机会（彭秀青等，2016）。再如，本研究受访企业 A 的创始人认为，在数字时代下发现创业机会已并非难事，将发现的机会与数字技术和环境融合起来进行创造和创新，通过与客户的互动来创造更多的机会，才是企业可持续发展的关键。

首先，数字机会发现可以推动创业者更为深入地理解机会价值，为数字机会的创造过程提供战略指导和价值支撑。在动态变化的数字环境下，企业为了求得生存并不断成长，需要根据数字机会发现过程中所体现的机会价值和资源价值判断现有资源结构的合理性，并据此对数字和非数字资源进行重新配置，重新调整数字机会和资源的匹配方式，从而产生了新的机会利用方式，即数字机会创造（Nambisan，2017）。相对于数字机会发现，数字机会创造有着更大的价值创造潜力，也更难被竞争者模仿。鉴于新创企业的内部资源和能力相对欠缺，为了避免低效或者无效的数字机会创造行为，企业需要发现并识别出当前环境中的数字机会，从而有根据地更新并重构资源结构，这个过程与企业是否进行了高质量的数字机会发现息息相关。数字机会发现强调创业者与数字技术以及环境之间的互动过程，创业者与环境通过网络紧密联系，加深了信息间的融通和结合。根据这些价值信息，企业才能发现并甄别出高质量的数字机会，根据自身的目标和发展方向来调整、完善战略与决策（朱秀梅等，2020），为数字机会创造提供战略指导和价值支撑。

其次，在数字能力的支持下，企业可以依次通过数字机会发现、数字机会创造来影响商业模式创新。一方面，数字机会的发现过程是动态而非静态的行为过程，需要新创企业基于强大的数字能力，大量使用数字化技术和社交媒体以及其他新兴技术发现与甄别最终用户需求、偏好等市场环境信息，并利用这些信息高效地更新并重构资源结构，为差异化价值创造提供新的思路和技术支持，指导数字机会的创造活动。事实上，数字机会的创造过程是动态设计的过程，机会创造的起点往往基于用户的"元需求"，即关于需求的需求（刘洋等，2020）。数字新创企业的创业者需要基于"元需求"制定设计规则，在创业主体之间持续更新、共享和利用信息，从而共同试验形成数字创新并创造大量的数字机会，使企业更有针对性地设计、更新并完善产品和自身的商业模式。例如，精益创业方法就是创业者基于数字能力发现用户"元需求"的数字机会，开发最小可行产品并持续与用户互动，通过验证性学习过程不断迭代创新，创造新的数字机会，从而调整、创新产品和商业模式（Blank，2013；朱秀梅、董钊，2021）。另一方面，企业从数字机会发现过程转向数字机会创造过程的效率与效果主要体现在资源的价值上。在数字能力的支撑下，企业通过数字机会发现过程识别的需求信息和知识，可以整合到数字平台、数据库或云计算平台中，这实际上是将关系互动的隐性知识转换为显性知识的外部化过程。数字机会创造强调在数字领域与多主体进行互动以共同创造价值，这种将知识数字化、外部化的过程不仅可以降低企业管理、调度内部资源的难度和时间，也可以指导企业快速调整网络关系以适应环境的变化，有助于企业积极协调与多主体之间的关系，提升多主体共同创造数字机会的效率。同时，基于数字机会发现的结果，企业重新审视已有资源的价值是否匹配市场的需求，可以使其更好、更快地更新并重构资源结构，更好地明确现有资源的价值、使用范围以及转换成本，并使特定的资源有潜力同时成为多个价值路径的组成部分，这可以帮助企业更有根据地提高资源利用的异质性和创新性，从而提升数字机会创造的效果。数字机会创造效率和效果的提升，可以帮助企业从多种价值路径进行商业模式的设计和调整，进而促进其创新商业模式（Henfridsson et al.，2018）。因此，在数字能力的支撑下，企业可以通过数字机会发现提升数字机会创造的效率和效果，从而促进商业模式创新。

综上所述，本书提出如下假设。

H8：数字机会发现对数字机会创造具有正向影响。

H9：数字机会发现、数字机会创造在数字能力与商业模式创新之间起到连续中介作用。

第五节 创业激情的调节作用

根据上文分析可知，数字能力通过影响企业的环境感知和资源创造性配置过程推动企业发现和创造数字机会。创业的过程往往充满不确定性，数字机会相较于传统创业机会呈现碎片化和动态性的特征，数字机会的发现和创造需要创业者突破以往单一产品创意的挖掘和识别过程，与多样化创业主体互动，满足更加碎片化和个性化的用户需求（余江等，2018）。虽然数字能力可以保障企业与创业主体之间的联系得到大范围扩展，降低信息、知识、产品与服务的获取成本，但这个过程并非一蹴而就、自然而然发生的，需要创业者保持乐观、主动的态度和情绪。已有研究表明，创业者的创业激情能够对创业行为产生重大影响，具有创业激情的创业者比其他企业家更有可能发现和创造机会并创立新企业（Baron，2008）。创业激情是创业者在创业过程中所体验到的积极而强烈的情绪，能够影响创业者的创业努力和创业能力，如学习能力和问题解决能力等（Cardon and Kirk，2015；

谢雅萍、陈小燕，2014）。创业激情作为有利于创业者创造性解决现有问题的积极情绪，能够为拥有强大数字能力的创业者带来强烈而持久的积极情感体验，这种情感的内驱力使创业者更容易积极投身于创业活动，提升其主动性，增强自身的情感认同，强化数字能力对数字机会发现以及数字机会创造的影响。例如，苹果公司创始人乔布斯认为，创业者要永远充满激情才能创造令人激动的产品，才可以为用户创造与众不同的体验。再如，本研究受访企业 C 的创始人认为，专注于自身的数字技术和能力是创业的基石，但拥有激情才能在数字时代保持锐意进取，才愿意跟随时代的变化不断发现并创造新的机会。因此，创业激情能够加强数字能力对数字机会发现和数字机会创造的影响。

首先，创业激情能够激发创业者的创业坚持，进而加强数字能力对数字机会发现的影响。创业激情能够激发创业者的创业坚持（Cardon and Kirk，2015），有利于创业者投身于持续发掘企业内外部价值和潜力的过程（Cardon et al.，2013），这对强化数字能力与数字机会发现之间的关系有较大的推动作用。数字能力使创业者倾向于使用数字技术搜索和识别信息，从而感知和发现数字机会。虽然数字技术和数字平台的发展打破了传统市场信息的边界，但信息量的迅速增长使得系统性地搜索、整理并甄别真正有益于企业自身发展的信息更为复杂，需要企业不断坚持学习并更新数字技术的应用方式。创业激情是一种强烈而持久的积极情感，富于激情的创业者更能够应用数字技术系统性搜索、整理、甄别信息和知识，专注于发现用户需求和新的数字机会，从而增强数字能力对数字机会发现的积极影响。

其次，创业激情能够提升创业者的主动性，进而加强数字能力对数字机会创造的影响。创业激情能够加强创业者的信心，相信多主体可以基于各自的数字能力将一系列不断发展的想法进行碰撞、融合并实现（Li et al.，2017），这有助于提高新创企业对通过互动来共同创造数字机会的结果预期，能够强化数字能力与数字机会创造之间的关系。企业基于数字能力与多主体交换信息、知识并创造新知识的互动过程具有不确定性和高风险性，有些创业者往往不能给予其他创业主体足够的信任，也会质疑其是否具备足够的数字能力，或担心自身的技术和知识被竞争对手模仿和利用，因此难以积极主动地进行互动。创业激情能够为创业者带来强烈而持久的积极情感体验，使其基于数字能力，以更开放的姿态与企业外部的利益相关者进行交流和沟通，强化多主体之间的合作意愿，以共同创造数字机会并实现更多的顾客价值。因此，创业激情能够加强数字能力与数字机会创造之间的关系。

综上所述，本书提出如下假设。

H10：创业激情正向调节数字能力与数字机会发现之间的关系。

H11：创业激情正向调节数字能力与数字机会创造之间的关系。

第六节　手段导向的调节作用

Sarasvathy（2001）认为，手段导向是一种基于效果推理理论的思维逻辑，这种逻辑强调在不确定的环境下，以现有手段来创造更多可能的结果。手段导向适用于难以利用历史数据进行预测的高不确定性环境，其强调新创企业以创业行动为导向，更强调利用现有手段"能够做什么"（Chandler et al.，2011）。数字技术逐步改变了工业经济的根本，也改变了原有产品的基本形态、新产品生产方式和组织形态，甚至颠覆了许多创新理论的基本假设，历史数据已不能准确预测市场需求的变化和数字环境的发展方向（Nambisan，2017），这就需要新创企业的创业者在现有手段下，保持企业的战略柔性，持续学习，在保证可承受损失的范围内，尽可能多地创造结果。根据前文分析可知，数字机会发现和数字机会创造指导了资源的配置和利用，满足市场并开发新的价值，从而引导了新创企业的商业模式创新。手段导向作为一种学习型的战略决策有助于新创企业在创业行动中迭代学习并创造价值，可以帮助创业者更好地将机会和资源相互匹配，从而更好地进行商业模式创新。因此，手段导向能够加强数字机会发现和数字机会创造对商业模式创新的影响。例如，本研究受访企业 D 的创始人认为，把握和创造数字机会并不一定要靠发明来解决现有问题，为用户创造价值也并非从零开始，很多时候是需要根据已有手段打通数字链接以及打破潜在机会与现实之间的桎梏，实现商业模式的创新。

首先，手段导向能够推动新信息和新知识在新创企业内部的流通，进而加强数字机会发现对商业模式创新的影响。新创企业可以通过数字机会发现获取新知识、培育新产品，增强创新能力和环境适应能力，更好、更快地把握机会并实现价值的创造，促进商业模式创新。从信息传递和知识共享角度来看，手段导向程度较高的创业者在面对新信息、新知识时更具有积极学习和改变的意愿，在发现数字机会后更愿意将有效信息转化为产品价值和企业价值，加强新知识在新创企业内部的流通，使得企业信息和知识资源更加多元化，从而促进企业的商业模式创新。此外，手段导向不仅能保证对数字机会的有效利用，更能够促进企业成员之间的互利共享和相互学习，更好地推动企业内部的价值创造过程，使数字机会发现对商业模式创新的促进作用更加显著。

其次，手段导向能够推动创业者的学习过程，进而加强数字机会创造对商业模式创新的影响。在充满不确定性的数字环境中，市场中存在的大量潜在需求往往比较模糊，尤其是对于旨在开拓新兴市场的新创企业而言，其需要考虑商业模式是否符合用户需求，能否实现企业的组织目标以及社会目标。应用手段导向的创业者更了解自身的创业手段，手段导向程度较高的创业者更注重"干中学"的过程，更愿意探索和开发新的数字机会和已有资源的可行组合，提升数字机会与资源的融合和转化效率，帮助企业判断下一个技术范式所需的商业模式，从而指导企业进行商业模式创新，使其在发展中获得更多优势。

此外，数字机会的创造过程强调企业与多主体间进行信息的共享和资源的互补，这种共享和互补带动了企业自身的价值创造和价值主张改变，使企业进行调整，从而实现商业模式创新（Bohnsack et al.，2014）。手段导向强调探索新可能性的反复迭代的试错学习过程，重视与利益相关者的密切互动和战略联盟，在互动中共同创造价值。应用手段导向的创业者更注重持续开展学习过程，也对多主体以及竞争对手的商业模式改变更为敏感，从而促进新创企业更好地进行商业模式创新。

综上所述，本书提出如下假设。

H12：手段导向正向调节数字机会发现与商业模式创新之间的关系。

H13：手段导向正向调节数字机会创造与商业模式创新之间的关系。

总结起来，本书提出的研究假设如表 3.1 所示。

表 3.1　研究假设汇总

假设	假设内容
H1	数字能力对商业模式创新具有正向影响
H2	数字能力对数字机会发现具有正向影响
H3	数字机会发现对商业模式创新具有正向影响
H4	数字机会发现在数字能力与商业模式创新之间起到中介作用
H5	数字能力对数字机会创造具有正向影响
H6	数字机会创造对商业模式创新具有正向影响
H7	数字机会创造在数字能力与商业模式创新之间起到中介作用
H8	数字机会发现对数字机会创造具有正向影响
H9	数字机会发现、数字机会创造在数字能力与商业模式创新之间起到连续中介作用
H10	创业激情正向调节数字能力与数字机会发现之间的关系
H11	创业激情正向调节数字能力与数字机会创造之间的关系
H12	手段导向正向调节数字机会发现与商业模式创新之间的关系
H13	手段导向正向调节数字机会创造与商业模式创新之间的关系

资料来源：作者整理。

经过对研究假设进行汇总，结合前文提出的概念模型，本书给出了所涉及各变量之间的关系假设，形成了本书的实证模型，如图 3.1 所示。

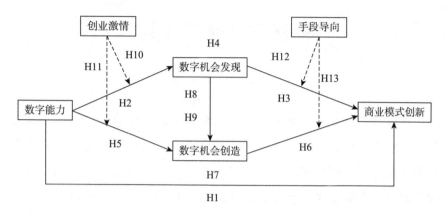

图 3.1 实证模型

第七节 本章小结

本章的目的在于探究数字能力如何通过数字机会发现和数字机会创造影响商业模式创新，并以创业激情和手段导向为调节变量，进一步分析数字能力影响商业模式创新的路径机制。通过对模型中主要变量间的作用机制进行深入分析，本章提出了 13 条理论假设。具体而言，首先，本章分析了数字能力对商业模式创新的影响；其次，分别探讨了数字机会发现和数字机会创造在数字能力与商业模式创新之间的中介作用，以及讨论了数字机会发现、数字机会创造在数字能力与商业模式创新之间所起到的连续中介作用；最后，进一步探讨了创业激情在数字能力与数字机会发现、数字能力与数字机会创造之间起到的调节作用，以及手段导向在数字机会发现与商业模式创新、数字机会创造与商业模式创新之间起到的调节作用。

第四章　研究设计

本章基于前文构建的理论研究模型，根据理论假设的逻辑推理过程，在理论假设的基础上进行实证研究设计。通过对各变量的量表进行甄选设计，在整理和借鉴有关核心变量的国内外已有成熟测量量表的基础上，严格遵守调查问卷设计的基本原则，对初始的调查问卷进行设计，并通过预调研的方式对初始问卷进行优化，根据专业学者和创业者的建议对问卷内容进行进一步调整和补充，形成最终的正式调查问卷。

第一节　问卷设计

一　调研方法

陈晓萍、沈伟（2012）指出，好的研究设计应该以研究问题为依据，以文献阅读和总结为基础，将研究所涉及的变量纳入一个清晰连贯的体系以回答研究问题，研究设计本身并没有优劣之分。问卷调查法作为管理学领域实证研究中应用最为广泛的方法，具有如下优势：①通过问卷调查法收集数据较为方便，实施过程更为快捷有效；②在确认变量测量量表拥有较高信度和效度的基础上，通过问卷调查法进行数据收集能够获得质量较高的调研数据；③通过问卷调查法结构化的调查方式更易于获得被试人员的认可和支持，且获取的结果更容易量化，有利于进行数据的统计处理与分析。基于此，本书采取问卷调查法进行研究数据的收集。

二 问卷设计

本书基于问卷的设计原则和注意事项，对调查问卷进行设计，调查问卷设计应遵循以下几个步骤。

（1）明确变量的内涵。通过对相关变量的已有文献进行回顾，即对有关数字能力、数字机会发现、数字机会创造、商业模式创新、创业激情和手段导向等变量的已有文献进行梳理、归纳和分析，参考国内外已有的成熟量表，结合本书对主要变量的概念界定，对各主要变量的初始测量量表进行适度修改，使其更符合研究情境并更贴近研究问题。

（2）初始测量量表的甄选和修改。国内外学者对数字能力、商业模式创新、创业激情和手段导向的量表研究比较多，信度和效度也较高，为了筛选出合适的量表，本书对比了国内外学者应用量表时的研究情境、研究对象和研究背景，筛选出与自身研究情境、研究对象相近，并且信度和效度较高的成熟量表。同时，对相关量表进行双向回译，将变量数字能力、商业模式创新、创业激情和手段导向源于英文文献的量表问项翻译成中文，邀请两位精通两种语言并在管理学领域具有丰富研究经验的研究人员对中文问项进行英文回译，对有明显差异的问项进行校正。针对数字机会发现和数字机会创造的测量，目前国内的研究还相对匮乏，本书借鉴了国外学者开发的相关量表，在保留题项核心内容的基础上，结合本书对变量的概念界定，改进了相关变量量表问项的表述。随后，邀请长春市5位新创企业的创业者和3位相关研究领域的教授对问卷进行研讨，请他们就问卷中可能存在的问题提出意见，并依据意见对问卷初稿进行了修改，以保证问题的合理性、规范性和可理解性，形成问卷初稿。

（3）调查问卷的结构设计。本章运用问卷调查法收集数据以用于定量分析，调查问卷作为收集数据的重要工具，对能否有效收集到高质量的数据至关重要。本书基于问卷设计的基本原则对调查问卷进行结构设计，调查问卷由封面语、引导语、问卷正文以及感谢语四个部分组成。问卷的第一部分为封面语，封面语主要用于阐述本次问卷调研的目的、调研内容、保密性承诺以及对填写问卷人员的感谢。问卷的第二部分为引导语，引导语主要用于说明填写问卷的具体要求，指导被调查者填写问卷。问卷的第三部分为问卷正文，问卷正文主要包含被调研者的相关背景问题和主要变量的测量题项，被调研者的相关背景问题包括性别、学历、年龄等个人基本信息，以及企业名称、行业、规模、注册年份等所在企业的基本情况。问卷正文测量变量的题项主要包括数字能力、数字机会发现、数字机会创造、商业模式创新、创业激情和手段导向等变量的测量题项，题项采用李克特 7 级评价量表，被调研者根据自身情况进行评分。问卷的第四部分为感谢语，感谢语主要用于对被调研者的帮助和积极配合表示感谢。

（4）开展预调研测试问卷质量。选取来自长春的 100 家新创企业为预调研对象，对预调研新创企业的中高层管理者进行深入访谈，围绕问卷的合理性以及准确性等问题与受访者进行交流并获取反馈，将所有的反馈问题进行汇总并加以分析，进一步对问卷进行完善，保证问卷不存在表述不清晰、难以回答或被调查者不愿回答的题项，形成最终的调查问卷。预调研收集的调查问卷不算在最终有效样本内。

（5）正式调研。在形成最终的调查问卷后，开始正式调研。课题组对参与本次调研的人员进行了培训，规范问卷发放和回收的流程，尽量减少来自调研人员的干扰。

第二节 变量测量

一 数字能力

数字能力是新创企业和创业者应用数字技术洞悉数字发展并引领数字创业活动来适应数字环境变化的综合能力（Khin and Ho，2019；朱秀梅等，2020）。Khin 和 Ho（2019）开发了数字能力的单维结构量表，共包含 5 个题项。由数字能力的相关文献可知，数字能力是新创企业在数字环境中引领自身技术发展、数字转型以及利用机会和资源的重要综合能力（朱秀梅等，2020）。由本书的案例分析可知，数字能力是企业应用数字技术、利用机会以及开拓市场的基础，也是推动企业发展的重要能力。本书参照 Khin 和 Ho（2019）关于数字能力的研究，在已开发量表的基础上，结合国内数字情境以及案例分析结果对题项表述进行优化，最终采用 5 个题项来测量数字能力，具体测量题项见表 4.1。

表 4.1　数字能力的测量量表

变量	题项
数字能力	101. 我们有应用重要数字技术的能力
	102. 我们有发现数字机遇的能力
	103. 我们有能力应对数字化转型
	104. 我们有能力掌握最先进的数字技术
	105. 我们有能力利用数字技术开发新产品、新服务或新流程

资料来源：Khin 和 Ho（2019）。

二 数字机会发现

数字机会发现是创业者基于数字技术以及现有的数字业务对数字环境的感知过程，以及在数字平台、数字生态系统中进行的信息搜索过程。由数字机会发现的相关文献可知，创业机会源于信息不对称产生的价格失灵或外生因素变化导致的供需关系变化。有学者提出，创业机会是一种态势（González et al.，2017），数字时代的创业者与新创企业需要借助新手段引入新原料、新的组织方式，通过数字技术的迭代创新更好地捕获新的数字机会，形成数字化的新产品、新服务，以满足市场需求或创造新的需求（杨俊等，2020）。由本书的案例分析可知，在创业实践中，新创企业的创业者更注重应用数字技术与数字环境进行互动，对数字环境中的信息更为敏感，更愿意探索技术发展而产生的数字机会。本书借鉴了González等（2017）对机会发现的测量量表，综合数字机会发现的已有文献和本书的案例分析结果，对量表进行了修改和完善，最终采用4个题项来测量数字机会发现，具体测量题项见表4.2。

表4.2　数字机会发现的测量量表

变量	题项
数字机会发现	201. 我们能很快发现并掌握各种数字机会的信息
	202. 我们能很快发现数字机会可能带来的市场变化
	203. 企业对捕获数字机会有着较高的敏感性或警觉性
	204. 企业能够成功地利用数字产品、数字技术或数字服务提升企业收益

资料来源：González 等（2017）。

三　数字机会创造

数字机会创造是新创企业和创业者与数字技术和环境互动并创造性配置资源的过程，也是创业主体通过数字技术将一系列不断发展的想法进行碰撞、融合并实现的过程。由数字机会创造的相关文献可知，有别于传统的创业机会创造过程，在数字机会创造过程中，数字技术促进了个体和环境的互动，创业者可以与更多创业主体共同创新，共享跨越组织边界，从而共同创造数字机会（Farani et al.，2017；Nambisan，2017）。由本书的案例分析可知，在创业实践中，新创企业更注重与其他主体进行互动，数字机会的特性使同一价值网络内创业主体的合作更为紧密，也更有益于新创企业与其他主体共同创造数字机会，甚至创造需求并引领产业的发展。本书借鉴了González等（2017）对机会创造的测量量表，综合数字机会创造的已有文献和本书的案例分析结果，对量表进行修改和完善，最终采用4个题项来测量数字机会创造，具体测量题项见表4.3。

表4.3 数字机会创造的测量量表

变量	题项
数字机会创造	301. 我们能通过数字技术与用户、供应商或其他企业讨论需求并获取到新颖的概念
	302. 我们能通过数字技术与用户、供应商或其他企业共同创造解决问题的方法
	303. 企业的数字产品和服务为用户、供应商或其他企业提供了更多可能性
	304. 企业的数字产品和服务引领或改变了市场的需求和发展

资料来源：González等（2017）。

四 创业激情

创业激情是创业者通过创业活动而获得的自我认同和强烈的积极情感（Cardon et al.，2013）。Chen等（2009）开发了个体层面的创业激情量表，分为情感激情和认知激情两个维度，量表共11个测量题项。Cardon等（2013）在已有研究基础上开发了创业激情的量表，将创业激情分为发现激情、创建激情和发展激情三个维度，共13个题项，测量发现激情有5个题项，测量创建激情有4个题项，测量发展激情有4个题项，该量表被广泛应用于创业激情的研究中。本书借鉴和延续了Cardon等（2013）的研究，结合本书的研究情境以及案例分析结果，对题项表述进行优化，最终采用13个题项来测量创业激情，具体测量题项见表4.4。

表4.4　创业激情的测量量表

变量	维度	题项
创业激情	发现激情	401. 找到新的方法来满足市场需求是令人兴奋的
		402. 寻找有关产品和服务的新想法是令人愉快的
		403. 我们总是致力于研究如何改进现有产品和服务
		404. 在市场中寻找新机会是令人兴奋的
		405. 我们热衷于对问题提出新的解决方案
	创建激情	406. 成立一家新公司是令人兴奋的
		407. 拥有我们自己的公司激励了企业所有人
		408. 拓展业务并培育新的企业是令人愉悦的
		409. 新企业的一员是我们重要的身份
	发展激情	410. 找到合适的人来推销我们的产品和服务是令人高兴的
		411. 为企业和项目寻找合适的人才令我们愉悦
		412. 企业的进步激励着我们所有人
		413. 我们致力于推动企业的发展

资料来源：Cardon 等（2013）。

五　手段导向

手段导向是一种基于效果推理理论的逻辑决策方式，是创业者在不确定情境下进行创业活动的独特决策过程和行为方式，包含4个维度，即试验、可承受损失、柔性和先前承诺。已有研究通常采用Chandler 等（2011）开发的量表进行手段导向的测量，量表已经在不同文化情境的研究中得到了验证，也得到了国内外学者的广泛认可（Harms and Schiele，2012；Alsos et al.，2016）。本书借鉴 Chandler 等（2011）开发的量表，结合本书的研究情境和案例分析结果，对题项表述进行优化，最终采用12个题项来测量手段导向，具体测量题项见表4.5。

表 4.5 手段导向的测量量表

变量	维度	题项
手段导向	试验	501. 我们常常尝试采用不同的产品或商业模式
		502. 企业现阶段的产品和服务与最初的设想差别很大
		503. 在找到最佳商业模式之前，我们会进行不同的尝试
	可承受损失	504. 我们会谨慎地对待资源投入，以确保不超过企业所能承受的最大损失
		505. 我们不会冒险投入更多资金而超过我们最初的损失预计
		506. 我们不会冒险投入过多资金以防止企业出现问题时陷入财务困境
	柔性	507. 我们会利用新出现的机会调整企业的现有业务
		508. 我们会根据已有资源决定做什么业务
		509. 我们具有及时开发和利用新机会的灵活性
		510. 我们不会采取有可能降低企业柔性和适应性的行为
	先前承诺	511. 我们与顾客、供应商以及其他企业建立了大量的合作关系来减少不确定性
		512. 我们常利用顾客和供应商预先给予的支持推动企业发展

资料来源：Chandler 等（2011）。

六 商业模式创新

商业模式创新是新创企业对现有商业模式进行更新和再创造，探寻价值获取的新方式并创新企业价值创造系统的过程。由商业模式创新的相关文献可知，对商业模式创新的测量主要应用 Spieth 和 Schneider（2016）开发的商业模式创新量表，该量表聚焦商业模式创新的价值创造、价值主张和价值获取过程。罗兴武等（2018）在探析商业模式创新内涵和特征的基础上，结合中国转型经济情境，开发了更符合中国经济以及数字背景的商业模式创新量表。该量表共 15 个题项，包含开拓性商业模式创新和完善性商业模式创新两个维度。本书借鉴罗兴武等（2018）的量表，结合本书的研究情境以及案例分析结果，对题项表述进行优化，最终采用 15 个题项来测量商业模式创新，具体测量题项见表 4.6。

表 4.6　商业模式创新的测量量表

变量	维度	题项
商业模式创新	开拓性	601. 我们能够为顾客提供独特的产品、服务或信息
		602. 我们为顾客提供的价值是独特的
		603. 企业以打破常规的方式发现新机会并开拓新市场
		604. 我们拥有多种不同于竞争对手的营销渠道
		605. 企业构建了良性互动的商业生态圈，并处于核心地位
		606. 企业构建了新的交易机制和新的商业模式运作流程
		607. 企业可以创造性地寻找新的技术、资源
		608. 企业通过商业模式获得了新创意、新发明和新专利
	完善性	609. 企业重视产品和服务的完善性创新
		610. 我们经常对产品和服务予以改良以满足顾客需求
		611. 我们时刻跟随领先者的步伐进行创新
		612. 企业经常巩固和拓展当前市场的营销渠道
		613. 企业以补偿性资产融入外部创新合作网络
		614. 我们时刻监测交易伙伴满意度以更好地提供服务
		615. 我们不断对现有的流程、技术进行优化

资料来源：罗兴武等（2018）。

七　控制变量

本书聚焦新创企业数字能力对数字机会发现和数字机会创造以及商业模式创新的影响，为了避免其他变量对研究结果可能产生的干扰，需要控制个体层面和企业层面的影响因素，提高研究结果的准确性和可推广程度。具体而言，在个体层面，本书控制了创业者年龄、创业者受教育水平和创业者性别变量，在企业层面控制了企业年限、企业规模、企业所在地区变量。

首先，在创业者个体层面因素方面，创业者年龄的不同，反映了创业者经验、能力、思维和偏好的差异，这可能会影响创业者在新创企业逻辑选择、数字能力运用和创新创造活动等方面的作用方式（Ferreira et al.，2019）。创业者受教育水平反映了创业者的工作态度、价值观和管理方式（Hambrick and Mason，1984），可能会对其信息处理方式、知识储备水平和工作效率等产生影响，从而影响数字机会发现和数字机会创造的过程。不同性别的创业者在创业动机、追求的目标、工作投入和社会地位等方面存在差异，因而本书选择创业者性别作为控制变量。因此，在个体层面，本书选择创业者年龄、创业者受教育水平和创业者性别作为控制变量。

其次，在企业层面因素方面，年限较长的企业拥有更多的资源，基础也更牢固，但可能会受到组织内部惯例的影响，企业年限对战略决策导向也会产生影响。新创企业规模的差异可能影响企业对知识和资源的获取途径，影响企业开展创新活动的状态、倾向和能力。企业所在地区的政策和经济活力有所差异，这会影响企业对数字能力和数字技术的重视程度（蔡莉等，2019）。因此，在企业层面，本书选择企业年限、企业规模、企业所在地区作为控制变量。

最后，在控制变量测量方面，创业者年龄以创业者的实际年龄度量，企业年限以企业成立年限度量，其他控制变量统一以虚拟变量设置。创业者受教育水平以创业者的最高学历度量，采用李克特5级量表测量，1表示中专及以下，2表示高中，3表示大专，4表示本科，5表示研究生及以上。创业者性别分为男和女两种类型，1表示男性创业者，2表示女性创业者。企业规模以员工数度量，1表示20人及以下，2表示21～50人，3表示51～100人，4表示101～200人，5表示200人以上。企业所在地区按照中国科学院大学中国企业管理研究中心与华夏幸福产业研究院联合发布的"2018年创新创业城市活力指数排行榜"选取的调研城市所在地区进行划分，1表示北京市，2表示杭州市，3表示西安市，4表示长春市。

第三节 预调研及问卷修正

预调研是问卷调查设计中的重要环节，预调研采用包含前文53个题项的初始问卷。为了避免题项过多引起填写者反感，在预调研之前，课题组邀请吉林大学 10 名 EMBA 学生进行问卷填写，以测试填写问卷所需的时间。填写者完成问卷填写平均用时 15 分钟，结果表明问卷调查的题项数量和用时可以接受。课题组选择来自长春的 100 家新创企业为预调研对象，共发放 360 份问卷，回收 218 份问卷，在剔除了数据不完整、信息不一致的问卷后，共得到有效预调研问卷 175 份，综合有效回收率为 48.6%。

基于预调研数据，对量表的信度和效度进行检验，采取探索性因子分析方法对预调研数据进行分析。首先，通过 SPSS 22.0 软件对预调研数据进行 KMO 值和 Bartlett 球形检验。吴明隆（2009）认为，KMO 值和 Bartlett 球形检验可以用于判断研究设计的各变量是否适合进行因子分析：①如果 KMO 值大于 0.9，说明非常适合做因子分析；②如果 KMO 值介于 0.8 与 0.9 之间，说明适合做因子分析；③如果 KMO 值介于 0.7 与 0.8 之间，说明比较适合做因子分析；④如果 KMO 值介于 0.6 与 0.7 之间，说明勉强适合做因子分析；⑤如果 KMO 值介于 0.5 与 0.6 之间，说明不太适合做因子分析；⑥如果 KMO 值小于 0.5，说明完全不适合做因子分析。KMO 值和 Bartlett 球形检验的结果如表 4.7 所示，样本的 KMO 值为 0.722，数值介于 0.7 与 0.8 之间，显著性水平为 0.000，结果表明本书所采用的量表比较适合做因子分析。

表 4.7 **KMO 值和 Bartlett 球形检验**

KMO 值	Bartlett 球形检验		
	近似卡方	df	sig.
0.722	7285.751	1378	0.000

资料来源：笔者整理。

其次，对预调研的测量量表进行信度检验。信度检验可用于评价测量的稳定性，是指考察不同的观察者在不同的时间、地点得出的观察结果是否一致，即重复测量所得出结果的一致程度。信度检验通常采用 Cronbach's Alpha 值来进行：①如果 Cronbach's Alpha 值介于 0.65 与 0.70 之间，代表问卷内部一致程度可以；②如果 Cronbach's Alpha 值介于 0.7 与 0.8 之间，代表问卷内部一致程度较高；③如果 Cronbach's Alpha 值大于 0.8，代表问卷内部一致程度很高。本书通过 SPSS 22.0 软件对预调研数据进行信度检验，结果表明，数字能力、数字机会发现、数字机会创造、创业激情、手段导向和商业模式创新的 Cronbach's Alpha 值分别为 0.904、0.804、0.886、0.794、0.722、0.874，所有变量的 Cronbach's Alpha 值均超过 0.7，说明各变量的测量量表信度表现很好且稳定可靠，结果如表 4.8 所示。

最后，对预调研的测量量表进行效度检验。效度检验可用于评价量表度量构念的程度，管理学研究领域常用因子分析方法进行效度检验。本书通过 SPSS 22.0 软件对预调研数据进行主成分分析，对测量量表进行探索性因子分析。结果表明，通过最大方差法旋转一共析出 12 个共同因子，析出的 12 个共同因子的累计解释方差为 74.365%，超过 50% 说明所用量表具有很强的解释能力。通过方差最大化正交旋转得到探索性因子负荷矩阵，当每一个测量题项的因子载荷系数大于 0.5 时，表明收敛效度可以接受，大于 0.7 时代表收敛效度非常高。如表 4.8 所示，各变量上的因子载荷均超过 0.5。由此可见，所有题项不仅能有效聚敛于各自的共同因子，而且还能够有效区别于其他共同因子，说明本书的量表具有很高的效度。

综上所述，经过对初始量表的设计、小组讨论、预调研以及信度和效度检验，笔者根据预调研的反馈对调查问卷进行了适当的修正，对问卷存在的题项表述和格式等方面的问题进行了进一步的调整和优化，最终形成正式调查问卷。

表 4.8 探索性因子分析

研究变量	题项	成分												累计解释方差	Cronbach's Alpha
		1	2	3	4	5	6	7	8	9	10	11	12		
数字能力	101	0.776												15.629%	0.904
	102	0.861													
	103	0.786													
	104	0.775													
	105	0.856													
数字机会发现	201		0.773											26.794%	0.804
	202		0.800												
	203		0.769												
	204		0.790												
数字机会创造	301			0.892										35.943%	0.886
	302			0.859											
	303			0.899											
	304			0.766											
创业激情——发现激情	401				0.870									43.284%	0.794
	402				0.850										
	403				0.793										
	404				0.830										
	405				0.834										

续表

研究变量	题项	成分												累计解释方差	Cronbach's Alpha
		1	2	3	4	5	6	7	8	9	10	11	12		
创业激情——创建激情	406					0.836								49.245%	0.794
	407					0.833									
	408					0.812									
	409					0.768									
创业激情——发展激情	410						0.789							54.863%	
	411						0.838								
	412						0.812								
	413						0.744								
手段导向——试验	501							0.783						59.209%	0.722
	502							0.732							
	503							0.818							
手段导向——可承受损失	504								0.829					62.878%	
	505								0.836						
	506								0.800						
手段导向——柔性	507									0.792				66.122%	
	508									0.776					
	509									0.844					
	510									0.787					

续表

研究变量	题项	1	2	3	4	5	6	7	8	9	10	11	12	累计解释方差	Cronbach's Alpha
手段导向——先前承诺	511										0.840			69.276%	0.722
	512										0.837				
商业模式创新——开拓性	601											0.776			
	602											0.725			
	603											0.718			
	604											0.669		72.049%	
	605											0.792			
	606											0.744			
	607											0.728			
	608											0.612			
商业模式创新——完善性	609												0.766		
	610												0.874		
	611												0.879		
	612												0.857	74.365%	0.874
	613												0.852		
	614												0.813		
	615												0.883		

成分

资料来源：笔者整理。

第四节 本章小结

本章在理论模型和研究假设的基础上，进行了实证研究设计。本书选择问卷调查方法进行实证研究。本章详细阐述了调查问卷设计的过程，基于本书的研究问题以及构建的理论模型，依据模型中主要变量的已有理论研究和测量量表，科学且严谨地设计了初始调查问卷。经过量表双向回译、专家讨论、题项甄选等环节后，对初始量表进行完善和修改，形成了包含 53 个题项的量表。然后，遵循问卷调查的原则和程序进行了预调研和数据分析。结果表明，调查问卷中涉及的数字能力、数字机会发现、数字机会创造、创业激情、手段导向和商业模式创新等核心变量以及控制变量的测量量表符合研究假设和理论模型的要求。根据分析结果，进一步对调查问卷的测量题项以及文字表述进行修正和优化，最终形成正式的调查问卷，以确保后续研究的严谨性和有效性，为实证分析与结果讨论奠定基础。

第五章 实证分析与结果讨论

本章在问卷设计、预调研和问卷质量检验的基础上，进一步对理论模型和研究假设进行实证检验。本章通过正式调研获取大样本数据并进行深入分析，描述正式调研的程序，说明所获取样本的基本特征，并运用 SPSS 22.0 和 AMOS 24.0 软件对样本数据进行描述性统计分析、同源方法偏差检验、信度检验、效度检验和验证性因子分析，进一步检测样本数据的质量。在确保数据的有效性后，采用相关性分析和回归分析验证数字能力、数字机会发现、数字机会创造、创业激情、手段导向与商业模式创新等变量之间的关系假设，并进行结果讨论。

第一节 数据收集与样本特征

一 数据收集

问卷调查法是通过严格和系统的采样程序，以所收集的样本数据去推测整个群体的特征，所收集到的代表性样本数据的质量对于推断群体表现至关重要。低质量的样本数据可能会对研究结果的准确性产生影响，并会导致研究结论不具有普适性或得出错误的结论。因此，必须重视数据的收集过程。

在样本抽取方法方面，问卷调查法主要遵循随机抽样的原则，即按照随机数在总体中抽取样本。随机抽样的类型主要包括简单随机抽样、分层随机抽样和聚类抽样等。简单随机抽样是指对总体内的样本不做任何区分，保持样本被抽取到的概率均等。分层随机抽样是指对总体样本进行分层，使每层内部的样本特征基本保持一致，再根据随机抽取的原则在每层随机抽取相应数量的样本。聚类抽样是指当总体样本中各类别的个体样本特征具有较大差异性时，根据这些相似的类别随机选取某些类别并随机抽取相应数量的样本。本书选择分层随机抽样法，根据随机抽取的原则在北京、西安、长春和杭州 4 个城市的新创企业内进行随机抽样，保证各层次范围内入选样本的机会相等，以实现通过分层样本代表总体样本。

在调研方式方面，问卷调查法常常采用实地咨询、电子邮件咨询、电话咨询、邮寄询问、雇用第三方企业咨询等方式获取相关数据。为了更广泛地收集数据和提高问卷的回收效率，笔者根据分层随机抽样原则选取样本企业，积极采用多种方式与样本企业联络和沟通，主要采取实地、邮寄、电子邮件、微信、QQ 等方式发放和回收调查问卷。在初次调研的 6 周后，对于没有回复的企业，笔者通过电子邮件再次邀请被调查人填写问卷，如果 3 周后仍未收到答复，笔者会进一步电话联系相关负责人，并诚挚邀请其填答问卷，保证问卷回收数量和质量。

在调研对象选择方面，本书以数字背景下的新创企业为研究对象，聚焦于探究数字能力如何影响商业模式创新的问题，明晰数字能力与商业模式创新的复杂关系，并探讨数字机会发现、数字机会创造、创业激情以及手段导向在数字能力与商业模式创新关系间所发挥的作用。根据 McDougall 等（1994）以及 Zahra（1996）的研究，本书选择成立时间在 8 年及以下的新创企业为研究对象。

在调研地区选择方面，本书参照中国科学院大学中国企业管理研究中心与华夏幸福产业研究院联合发布的"2018 年创新创业城市活力指数排行榜"，选取排行榜中不同梯队的代表性城市长春、北京、杭州和西安为调研城市进行数据调研，以增强结论的一般性和普适性。

在调研安排方面，正式调研选择时滞调查法进行，于 2019 年 6 ~ 10 月开展两个阶段的调研，每个阶段间隔约 2 个月。调查问卷由创业者或创业团队成员填写。第一阶段调研于 2019 年 6 月开展，由新创企业的创业者或创业团队成员填写人口统计学信息和企业基本情况，并对本研究的核心变量数字能力、数字机会发现、数字机会创造、创业激情和手段导向以及控制变量进行评价。同年 8 月进行第二阶段调研，按企业编号再次发放问卷，填写商业模式创新的题项。问卷全部回收后，将不同阶段相同企业的数据对应起来，最终完成调查问卷的数据收集。本次正式调研发放问卷 800 份，回收问卷 429 份，在剔除了数据不完整、信息不一致的问卷样本后，共得到有效样本 389 份，问卷总有效回收率为 48.63%。

二 样本特征

根据本次调研的样本回收情况，样本特征如表 5.1 所示。从表 5.1 中可以看出，在创业者性别方面，男性创业者多于女性创业者，男性创业者有 226 人，占总样本的 58.1%，女性创业者有 163 人，占总样本的 41.9%。在创业者受教育水平方面，中专及以下的有 4 人 (1.02%)，高中的有 15 人 (3.86%)，大专的有 37 人 (9.51%)，本科的有 216 人 (55.53%)，研究生及以上的有 117 人 (30.08%)。在创业者年龄方面，29 周岁及以下的有 68 人 (17.48%)，30 ~ 39 周岁的有 305 人 (78.41%)，40 周岁及以上的有 16 人 (4.11%)。从创业者的个人特征可以看出，男性创业者要多于女性创业者，创业者的受教育水平普遍较高，创业者年龄普遍在 40 周岁以下，这表明受教育水平较高且较为年轻的人思维更为活跃，更愿意接受新知识并投身创业活动。

在企业年限方面，企业年限在 1 年以内的有 11 家 (2.83%)，1 ~ 3 年的有 40 家 (10.28%)，4 ~ 5 年的有 51 家 (13.11%)，6 ~ 8 年的

有 287 家（73.78%）。在企业规模方面，企业人数在 20 人及以下的有 63 家（16.20%），21～50 人的有 129 家（33.16%），51～100 人的有 117 家（30.08%），101～200 人的有 40 家（10.28%），200 人以上的有 40 家（10.28%）。在企业所在地区方面，位于华北地区北京市的企业有 128 家（32.91%），位于华南地区杭州市的企业有 118 家（30.33%），位于东北地区长春市的企业有 45 家（11.57%），位于西北地区西安市的企业有 98 家（25.19%）。从受访企业的特征可以看出，企业规模在 200 人以下的中小型企业较多，符合新创企业的代表性特征，成立年限在 6～8 年的企业占总样本的 73.78%，企业所在地区的样本数量也较为符合所在地区的创新和经济发展情况。综合上述分析可以看出，本次调研的样本分布符合新创企业的特征，且各方面比较均衡，具有较强的代表性。

表 5.1 样本特征分布

基本特征	变量类别	频数	比例（%）
创业者性别	男	226	58.1
	女	163	41.9
创业者受教育水平	中专及以下	4	1.02
	高中	15	3.86
	大专	37	9.51
	本科	216	55.53
	研究生及以上	117	30.08
创业者年龄	29 周岁及以下	68	17.48
	30～39 周岁	305	78.41
	40 周岁及以上	16	4.11
企业年限	1 年以内	11	2.83
	1～3 年	40	10.28
	4～5 年	51	13.11
	6～8 年	287	73.78

续表

基本特征	变量类别	频数	比例（%）
企业规模	20 人及以下	63	16.20
	21~50 人	129	33.16
	51~100 人	117	30.08
	101~200 人	40	10.28
	200 人以上	40	10.28
企业所在地区	北京	128	32.91
	杭州	118	30.33
	长春	45	11.57
	西安	98	25.19

注：样本量 $N = 389$。
资料来源：笔者整理。

第二节　同源方法偏差检验

同源方法偏差（Common Method Biases）是指同一份数据由同一人在同一时间内填写，或被测者在相同的环境中进行反馈，从而造成的自变量与因变量之间的人为共变关系。这种偏差可能会导致不存在的变量关系或夸大的变量联系，也可能导致研究者得出错误的结论，极大地影响研究的科学性和客观性，因此需要对研究数据进行同源方法偏差检验。在研究设计阶段，根据 Chang 等（2010）的建议，本书开展了二阶段的调研数据收集以控制同源方法偏差，第一阶段收集核心变量数字能力、数字机会发现、数字机会创造、创业激情和手段导向以及控制变量的数据，第二阶段收集核心变量商业模式创新的数据，这在一定程度上控制了同源方法偏差。在数据分析阶段，本书采用 Harman 提出的单因素检验方法对研究数据进行同源方法偏差检验，通过 SPSS 22.0 软件对变量的测量题项进行未旋转的主成分分析，结果如表5.2所示。从表5.2中可以看出，共形成12个特征值大于1的因子，且第一个因子的解释总方差为 15.635%，小于临界值 40%。因此，本次调研数据的同源方法偏差并不会影响最终数据的分析结果。

表 5.2　未旋转的主成分分析结果

因子	初始特征值			提取平方和载入		
	合计	解释总方差（%）	累计方差（%）	合计	解释总方差（%）	累计方差（%）
1	8.287	15.635	15.635	8.287	15.635	15.635
2	6.242	11.777	27.413	6.242	11.777	27.413
3	4.446	8.388	35.801	4.446	8.388	35.801
4	3.155	5.954	41.754	3.155	5.954	41.754
5	3.054	5.763	47.517	3.054	5.763	47.517
6	2.717	5.127	52.645	2.717	5.127	52.645
7	2.519	4.752	57.397	2.519	4.752	57.397
8	2.146	4.049	61.446	2.146	4.049	61.446
9	1.929	3.640	65.085	1.929	3.640	65.085
10	1.762	3.324	68.410	1.762	3.324	68.410
11	1.394	2.630	71.040	1.394	2.630	71.040
12	1.237	2.334	73.374	1.237	2.334	73.374

资料来源：笔者整理。

第三节　信度和效度检验

为了保证大样本数据的实证分析结果的准确性和可靠性，需要在实证分析之前对量表数据进行信度检验和效度检验。本书将通过可靠性分析、探索性因子分析和验证性因子分析等方式检验各主要变量量表的信度和效度。

一　信度检验

信度检验也被称为可靠性检验，本书通过 SPSS 22.0 软件计算各变量的 Cronbach's Alpha 值来检验量表的信度，各变量的 Cronbach's Alpha 值如表 5.3 所示。从表 5.3 中可以看出，数字能力的 Cronbach's Alpha 值为 0.919，数字机会发现的 Cronbach's Alpha 值为 0.829，数字机会创造的 Cronbach's Alpha 值为 0.804，创业激情的 Cronbach's Alpha 值为 0.774，手段导向的 Cronbach's Alpha 值为 0.713，商业模式创新的 Cronbach's Alpha 值为 0.857。所有研究变量的 Cronbach's Alpha 值均大于 0.7，表明本书中的变量量表均具有很高的信度和稳定性。

表 5.3 变量的 Cronbach's Alpha 值

变量	题项数量（个）	Cronbach's Alpha 值
数字能力	5	0.919
数字机会发现	4	0.829
数字机会创造	4	0.804
创业激情	13	0.774
手段导向	12	0.713
商业模式创新	15	0.857

资料来源：笔者整理。

二 效度检验

本书对量表的效度检验主要分为两个步骤，即探索性因子分析（EFA）和验证性因子分析（CFA）。首先，通过探索性因子分析确定量表的因子结构。由上一章预调研数据分析可知（结果见表4.8），各变量的题项均按照理论假设落在了相应的构念上，且因子载荷系数都大于0.5，表明所有量表均具有较高的效度。其次，在探索性因子分析的基础上，通过 AMOS 24.0 软件对正式调研的样本数据进行验证性因子分析，验证性因子分析能够更准确地检验各个潜变量与指标间的关系。验证性因子分析一方面能够通过各项拟合指标检验量表的收敛效度，另一方面能够通过计算平均变异抽取量 AVE 值来衡量量表的区分效度，组合信度 CR 值可检验量表是否具有良好的内在质量，当各变量的 AVE 值均大于各变量相关系数平方值时，说明量表具有较高的区分效度，其中 AVE 值要大于 0.5，CR 值要大于 0.6（Fornell and Larcker，1981）。本书利用极大似然估计法（Maximum Likelihood）估计各量表的因子载荷，采用以下几个拟合指标来衡量量表的收敛效度，包括 χ^2/df（卡方/自由度）、CFI（比较拟合指数）、NFI（规范拟合指数）、GFI（拟合优度指数）、RMSEA（估计误差平方根），这些拟合指标的衡量标准分别为：$\chi^2/df < 3$、CFI > 0.8、NFI > 0.8、GFI > 0.8、RMSEA < 0.08（吴明隆，2009）。

（一）数字能力的效度检验

从表 5.4 可以看出，数字能力 5 个题项的因子载荷值均大于 0.5，说明本书所使用的数字能力量表中的 5 个题项能够很好地反映其所在的维度信息。数字能力的组合信度 CR 值为 0.923，大于 0.6，说明数字能力的量表具有很好的内在质量；χ^2/df 的值为 2.507，小于 3；比较拟合指数 CFI 的值为 0.996，大于 0.8；规范拟合指数 NFI 的值为 0.993，大于 0.8；拟合优度指数 GFI 的值为 0.990，大于 0.8；估计误差平方根 RMSEA 的值为 0.062，小于 0.08。拟合指标的数值均符合标准，拟合情况较好，说明该量表具有较高的收敛效度。

表 5.4　数字能力的验证性因子分析

研究变量	测量指标	因子载荷	CR	AVE	拟合优度指标
数字能力	101	0.841	0.923	0.708	$\chi^2/df = 2.507$ CFI = 0.996 NFI = 0.993 GFI = 0.990 RMSEA = 0.062
	102	0.870			
	103	0.810			
	104	0.827			
	105	0.857			

资料来源：笔者整理。

此外，通过因子载荷计算得到的 AVE 值为 0.708，大于 0.5，AVE 值的平方根大于其所在行列中的相关系数，说明该量表具有较高的区分效度。因此，可以认为数字能力的量表具有较高的质量和效度。

（二）数字机会发现的效度检验

从表 5.5 可以看出，数字机会发现 4 个题项的因子载荷值均大于 0.5，说明本书所使用的数字机会发现量表中的 4 个题项能够很好地反映其所在的维度信息。数字机会发现的组合信度 CR 值为 0.808，大于 0.6，说明数字机会发现的量表具有很好的内在质量；χ^2/df 的值为 1.303，小于 3；比较拟合指数 CFI 的值为 0.999，大于 0.8；规范拟合指数 NFI 的值为 0.998，大于 0.8；拟合优度指数 GFI 的值为 0.998，大于 0.8；估计误差平方根 RMSEA 的值为 0.028，小于 0.08。拟合指标的数值均符合标准，拟合情况较好，说明该量表具有较高的收敛效度。

表 5.5　数字机会发现的验证性因子分析

研究变量	测量指标	因子载荷	CR	AVE	拟合优度指标
数字机会发现	201	0.620	0.808	0.519	χ^2/df = 1.303 CFI = 0.999 NFI = 0.998 GFI = 0.998 RMSEA = 0.028
	202	0.815			
	203	0.578			
	204	0.832			

资料来源：笔者整理。

此外，通过因子载荷计算得到的 AVE 值为 0.519，大于 0.5，AVE 值的平方根大于其所在行列中的相关系数，说明该量表具有较高的区分效度。因此，可以认为数字机会发现的量表具有较高的质量和效度。

（三）数字机会创造的效度检验

从表 5.6 可以看出，数字机会创造 4 个题项的因子载荷值均大于 0.5，说明本书所使用的数字机会创造量表中的 4 个题项能够很好地反映其所在的维度信息。数字机会创造的组合信度 CR 值为 0.872，大于 0.6，说明数字机会创造的量表具有很好的内在质量；χ^2/df 的值为

1.676，小于3；比较拟合指数 CFI 的值为 0.999，大于 0.8；规范拟合指数 NFI 的值为 0.997，大于 0.8；拟合优度指数 GFI 的值为 0.998，大于 0.8；估计误差平方根 RMSEA 的值为 0.042，小于 0.08。拟合指标的数值均符合标准，拟合情况较好，说明该量表具有较高的收敛效度。

表 5.6 数字机会创造的验证性因子分析

研究变量	测量指标	因子载荷	CR	AVE	拟合优度指标
数字机会创造	301	0.930	0.872	0.641	$\chi^2/df = 1.676$
	302	0.973			CFI = 0.999
	303	0.616			NFI = 0.997
	304	0.609			GFI = 0.998
					RMSEA = 0.042

资料来源：笔者整理。

此外，通过因子载荷计算得到的 AVE 值为 0.641，大于 0.5，AVE 值的平方根大于其所在行列中的相关系数，说明该量表具有较高的区分效度。因此，可以认为数字机会创造的量表具有较高的质量和效度。

（四）创业激情的效度检验

从表 5.7 可以看出，创业激情 13 个题项的因子载荷值均大于 0.5，说明本书所使用的创业激情量表中的 13 个题项能够很好地反映其所在的维度信息。创业激情的组合信度 CR 值为 0.967，大于 0.6，说明创业激情的量表具有很好的内在质量；χ^2/df 的值为 1.937，小于 3；比较拟合指数 CFI 的值为 0.985，大于 0.8；规范拟合指数 NFI 的值为 0.969，大于 0.8；拟合优度指数 GFI 的值为 0.960，大于 0.8；估计误差平方根 RMSEA 的值为 0.049，小于 0.08。拟合指标的数值均符合标准，拟合情况较好，说明该量表具有较高的收敛效度。

此外，通过因子载荷计算得到的 AVE 值为 0.691，大于 0.5，AVE 值的平方根大于其所在行列中的相关系数，说明该量表具有较高的区分效度。因此，可以认为创业激情的量表具有较高的质量和效度。

表 5.7　创业激情的验证性因子分析

研究变量	测量指标	因子载荷	CR	AVE	拟合优度指标
创业激情	401	0.778	0.967	0.691	$\chi^2/df = 1.937$ CFI = 0.985 NFI = 0.969 GFI = 0.960 RMSEA = 0.049
	402	0.805			
	403	0.840			
	404	0.900			
	405	0.849			
	406	0.863			
	407	0.845			
	408	0.853			
	409	0.815			
	410	0.775			
	411	0.882			
	412	0.856			
	413	0.729			

（五）手段导向的效度检验

从表 5.8 可以看出，手段导向 12 个题项的因子载荷值均大于 0.5，说明本书所使用的手段导向量表中的 12 个题项能够很好地反映其所在的维度信息。手段导向的组合信度 CR 值为 0.968，大于 0.6，说明手段导向的量表具有很好的内在质量；χ^2/df 的值为 1.677，小于 3；比较拟合指数 CFI 的值为 0.988，大于 0.8；规范拟合指数 NFI 的值为 0.970，大于 0.8；拟合优度指数 GFI 的值为 0.967，大于 0.8；估计误差平方根 RMSEA 的值为 0.042，小于 0.08。拟合指标的数值均符合标准，拟合情况较好，说明该量表具有较高的收敛效度。

此外，通过因子载荷计算得到的 AVE 值为 0.714，大于 0.5，AVE 值的平方根大于其所在行列中的相关系数，说明该量表具有较高的区分效度。因此，可以认为手段导向的量表具有较高的质量和效度。

表 5.8 手段导向的验证性因子分析

研究变量	测量指标	因子载荷	CR	AVE	拟合优度指标
手段导向	501	0.826	0.968	0.714	$\chi^2/df = 1.677$ CFI = 0.988 NFI = 0.970 GFI = 0.967 RMSEA = 0.042
	502	0.685			
	503	0.921			
	504	0.833			
	505	0.926			
	506	0.775			
	507	0.811			
	508	0.823			
	509	0.901			
	510	0.854			
	511	0.822			
	512	0.929			

资料来源：笔者整理。

（六）商业模式创新的效度检验

从表 5.9 可以看出，商业模式创新 15 个题项的因子载荷值均大于 0.5，说明本书所使用的商业模式创新量表中的 15 个题项能够很好地反映其所在的维度信息。商业模式创新的组合信度 CR 值为 0.953，大于 0.6，说明商业模式创新的量表具有很好的内在质量；χ^2/df 的值为 2.268，小于 3；比较拟合指数 CFI 的值为 0.970，大于 0.8；规范拟合指数 NFI 的值为 0.947，大于 0.8；拟合优度指数 GFI 的值为 0.949，大于 0.8；估计误差平方根 RMSEA 的值为 0.057，小于 0.08。拟合指标的数值均符合标准，拟合情况较好，说明该量表具有较高的收敛效度。

此外，通过因子载荷计算得到的 AVE 值为 0.579，大于 0.5，AVE 值的平方根大于其所在行列中的相关系数，说明该量表具有较高的区分效度。因此，可以认为商业模式创新的量表具有较高的质量和效度。

表 5.9 商业模式创新的验证性因子分析

研究变量	测量指标	因子载荷	CR	AVE	拟合优度指标
商业模式创新	601	0.769	0.953	0.579	$\chi^2/df = 2.268$ CFI = 0.970 NFI = 0.947 GFI = 0.949 RMSEA = 0.057
	602	0.751			
	603	0.650			
	604	0.581			
	605	0.666			
	606	0.696			
	607	0.736			
	608	0.675			
	609	0.803			
	610	0.745			
	611	0.857			
	612	0.839			
	613	0.881			
	614	0.798			
	615	0.892			

资料来源：笔者整理。

本书利用 AMOS 24.0 软件对所有变量进行区分效度检验。结果如表 5.10 所示，六因子模型的拟合度最优，χ^2/df 的值为 1.194，小于 3；比较拟合指数 CFI 的值为 0.984，大于 0.8；规范拟合指数 NFI 的值为 0.912，大于 0.8；拟合 Tucker-Lewis 指数 TLI 的值为 0.980，大于 0.8；估计误差平方根 RMSEA 的值为 0.022，小于 0.08。结果表明，拟合指标均达到标准且区分效度较高，而其他的因素模型拟合度较差。综上所述，由检验结果可以看出，本书所提出的理论模型的相关变量拟合指标满足要求，为后续实证分析奠定了坚实的基础。

表 5.10　验证性因子分析区分效度检验

模型	χ^2	df	χ^2/df	RMSEA	CFI	NFI	TLI
六因子模型	1320.786	1106	1.194	0.022	0.984	0.912	0.980
五因子模型	8750.601	1315	6.654	0.121	0.452	0.414	0.426
四因子模型	9343.047	1319	7.083	0.125	0.409	0.375	0.382
三因子模型	9713.541	1322	7.348	0.128	0.381	0.350	0.355
二因子模型	11477.193	1324	8.669	0.141	0.252	0.232	0.221
单因子模型	12569.615	1325	9.487	0.148	0.171	0.159	0.138

注：六因子模型：数字能力、数字机会发现、数字机会创造、商业模式创新、手段导向、创业激情各为一个因子；五因子模型：数字机会发现和数字机会创造合并为一个因子，数字能力、商业模式创新、手段导向、创业激情各为一个因子；四因子模型：数字能力、数字机会发现和数字机会创造合并为一个因子，商业模式创新、手段导向、创业激情各为一个因子；三因子模型：数字能力、数字机会发现、数字机会创造和手段导向合并为一个因子，商业模式创新、创业激情各为一个因子；二因子模型：数字能力、数字机会发现、数字机会创造、手段导向和商业模式创新合并为一个因子，创业激情为另一个因子；单因子模型：数字能力、数字机会发现、数字机会创造、商业模式创新、手段导向和创业激情合并为一个因子。

资料来源：笔者整理。

第四节　描述性统计分析与相关分析

在对本书各主要变量进行多元线性回归分析之前，首先需要对所有变量进行基本统计分析，主要包括描述性统计分析和相关分析。本书采用 SPSS 22.0 软件对样本数据进行描述性统计，主要统计各变量的两项统计量指标，即均值和标准差，利用 SPSS 22.0 软件对所有变量进行 Pearson 相关分析，结果如表 5.11 所示。

从表 5.11 中结果可以看出，控制变量中的创业者受教育水平与数字能力、数字机会创造和创业激情显著正相关。创业者受教育水平越高，越可能接受数字新知识和数字新技术来提升企业的数字能力，越倾向于与其他创业主体开展交流和合作以共同创造机会，对创业活动越有激情。企业规模与数字机会创造以及商业模式创新显著负相关，这可能是由于企业规模越大，其越依赖于原本的用户、业务和商业模式，越难以应用新技术进行快速的商业模式创新，越不易与其他创业主体分享信息以共同创造机会。此外，相关分析结果也初步验证了本书的理论模型与假设：数字能力、数字机会发现、数字机会创造和商业模式创新之间两两正相关，初步表明模型自变量、中介变量与因变量存在显著的正相关关系；创业激情与数字机会发现和数字机会创造两两正相关，手段导向与数字能力、数字机会发现、数字机会创造、商业模式创新两两正相关，初步表明自变量、调节变量与因变量存在显著的正相关关系。由此说明，本研究变量的测量效果符合数据分析要求。

表 5.11　描述性统计分析与相关系数矩阵（$N = 389$）

变量	均值	SD	1	2	3	4	5	6
1. 企业年限	6.29	1.923	1					
2. 创业者年龄	33.62	4.448	0.116*	1				
3. 创业者受教育水平	4.10	0.797	0.047	0.008	1			
4. 企业规模	2.65	1.173	0.152**	0.008	0.045	1		
5. 创业者性别	1.42	0.494	0.058	0.042	−0.058	0.007	1	
6. 企业所在地区	2.15	1.011	0.050	−0.028	−0.048	0.006	0.335**	1
7. 数字能力	4.99	1.126	−0.019	0.063	0.113*	−0.040	0.065	0.042
8. 数字机会发现	4.71	1.245	0.045	0.146**	0.031	−0.042	−0.065	−0.091
9. 数字机会创造	5.21	1.005	0.088	0.033	0.163**	−0.108*	−0.064	0.002
10. 创业激情	5.33	0.619	0.020	0.033	0.171**	−0.051	−0.096	−0.089
11. 手段导向	5.18	0.644	0.034	0.037	0.061	−0.044	0.067	0.071
12. 商业模式创新	5.35	0.712	0.210	0.165**	0.018	−0.280**	−0.032	0.004
变量	均值	SD	7	8	9	10	11	12
7. 数字能力	4.99	1.126	1					
8. 数字机会发现	4.71	1.245	0.124*	1				
9. 数字机会创造	5.21	1.005	0.176**	0.190**	1			
10. 创业激情	5.33	0.619	0.079	0.207**	0.163**	1		
11. 手段导向	5.16	0.654	0.301**	0.127*	0.287**	0.229**	1	
12. 商业模式创新	5.35	0.712	0.275**	0.216**	0.353**	0.089	0.214**	1

注：N 为样本量，* 表示 $p < 0.05$，** 表示 $p < 0.01$。
资料来源：笔者整理。

第五节 假设检验

本书利用 SPSS 22.0 软件对理论模型以及提出的 13 条研究假设进行检验。在对样本数据进行 Pearson 相关分析的基础上，本书将企业年限、创业者年龄、创业者受教育水平、企业规模、创业者性别、企业所在地区作为控制变量加入多元线性回归模型中，用于检验各变量之间的关系，以验证本书的理论假设。本书根据 Baron 和 Kenny（1986）提出的中介效应检验方法检验数字机会发现和数字机会创造的中介作用，具体步骤包括：①验证自变量对因变量具有显著作用；②验证自变量对中介变量具有显著作用；③验证中介变量对因变量具有显著作用；④验证在加入中介变量后，自变量对因变量的标准化回归系数的变化，如果显著性减弱甚至完全不显著，表明中介效应成立。本书根据陈晓萍、沈伟（2012）提出的方法检验创业激情和手段导向的调节作用，具体步骤包括：①对自变量和调节变量做标准化处理以解决多重共线性问题；②将标准化处理后的自变量和调节变量做乘积项，再将其放入回归模型中；③检验乘积项的回归系数是否达到显著性水平，如果乘积项的回归系数显著，则表明调节效应成立。

一 数字能力与商业模式创新的主效应检验

模型 1 是本书的基准模型，模型 1 反映了控制变量与商业模式创新的关系。首先，由表 5.12 可以看出，企业年限和创业者年龄与商业模式创新显著正相关，企业规模与商业模式创新显著负相关，而创业者受教育水平、创业者性别和企业所在地区与商业模式创新并不相关。其次，在模型 1 的基础上加入数字能力建立模型 2，用以检验数字能力对商业模式创新的影响。结果表明，数字能力与商业模式创新显著正相关（$\beta = 0.265$，$p < 0.001$），研究提出的假设 1 成立，数字能力对

商业模式创新具有正向影响得到了数据支持。

表 5.12　数字能力对商业模式创新的多元回归分析结果（$N = 389$）

变量	因变量：商业模式创新	
	模型 1	模型 2
企业年限	0.244 ***	0.252 ***
	(0.018)	(0.017)
创业者年龄	0.142 **	0.124 **
	(0.008)	(0.007)
创业者受教育水平	0.017	− 0.015
	(0.042)	(0.041)
企业规模	− 0.319 ***	− 0.308 ***
	(0.029)	(0.028)
创业者性别	− 0.054	− 0.071
	(0.072)	(0.069)
企业所在地区	0.017	0.009
	(0.035)	(0.034)
数字能力		0.265 ***
		(0.029)
R^2	0.166	0.235
调整 R^2	0.153	0.220
F 值	12.667 ***	16.674 ***

注：N 为样本量，括号内为标准误，** 表示 $p < 0.01$，*** 表示 $p < 0.001$。
资料来源：笔者整理。

二　数字机会发现的中介效应检验

为了检验数字机会发现的中介作用，本书采用 Baron 和 Kenny（1986）的方法进行检验：①对自变量与因变量的关系进行检验；②对自变量与中介变量的关系进行检验；③对中介变量与因变量的关系进行检验；④分析加入中介变量后，自变量对因变量的回归系数和显著性是否减弱甚至完全不显著。

首先，检验数字能力对数字机会发现的影响。模型 3 反映了控制变量与数字机会发现的关系，由表 5.13 可以看出，创业者年龄与数字机会发现显著正相关，而企业年限、创业者受教育水平、企业规模、创业者性别和企业所在地区与数字机会发现并不相关。在模型 3 的基础上加入数字能力建立模型 4，用以检验数字能力对数字机会发现的影响。结果表明，数字能力与数字机会发现显著正相关（$\beta = 0.120$，$p < 0.05$），研究提出的假设 2 成立，数字能力对数字机会发现具有正向影响得到了数据支持。

表 5.13　数字机会发现中介作用的多元回归分析结果（$N = 389$）

变量	因变量：数字机会发现		因变量：商业模式创新
	模型 3	模型 4	模型 5
企业年限	0.042 (0.033)	0.046 (0.033)	0.245 *** (0.017)
创业者年龄	0.141 ** (0.014)	0.133 ** (0.014)	0.105 * (0.007)
创业者受教育水平	0.024 (0.079)	0.010 (0.079)	− 0.017 (0.040)
企业规模	− 0.050 (0.054)	− 0.045 (0.054)	− 0.302 *** (0.027)
创业者性别	− 0.047 (0.135)	− 0.055 (0.134)	− 0.063 (0.068)
企业所在地区	− 0.072 (0.066)	− 0.076 (0.065)	0.020 (0.033)
数字能力		0.120 * (0.056)	0.248 *** (0.029)
数字机会发现			0.145 ** (0.026)
R^2	0.035	0.049	0.254
调整 R^2	0.020	0.032	0.239
F 值	2.308 *	2.806 **	16.213 ***

注：N 为样本量，括号内为标准误，* 表示 $p < 0.05$，** 表示 $p < 0.01$，*** 表示 $p < 0.001$。
资料来源：笔者整理。

　　其次，检验数字机会发现对商业模式创新的影响。在模型 2 的基础上加入数字机会发现建立模型 5，用以检验数字机会发现对商业模式创新的影响。结果表明，数字机会发现与商业模式创新显著正相关（$\beta = 0.145$，$p < 0.01$），研究提出的假设 3 成立，数字机会发现对商业模式创新具有正向影响得到了数据支持。

最后，分析加入中介变量数字机会发现后，数字能力对商业模式创新的回归系数和显著性的变化。由表 5.12 和表 5.13 可以看出，加入数字机会发现后，数字能力对商业模式创新的影响减弱，回归系数 β 由模型 2 中的 0.265（$p < 0.001$）变为模型 5 中的 0.248（$p < 0.001$），回归系数变小，说明数字机会发现在数字能力与商业模式创新的关系中起到部分中介作用。由回归结果可知假设 4 成立，即数字机会发现在数字能力与商业模式创新的关系之间起到中介作用得到数据支持。

三 数字机会创造的中介效应检验

为了检验数字机会创造的中介作用，本书采用 Baron 和 Kenny（1986）的方法进行检验：①对自变量与因变量的关系进行检验；②对自变量与中介变量的关系进行检验；③对中介变量与因变量的关系进行检验；④分析加入中介变量后，自变量对因变量的回归系数和显著性是否减弱甚至完全不显著。

首先，检验数字能力对数字机会创造的影响。模型 6 反映了控制变量与数字机会创造的关系，由表 5.14 可以看出，创业者受教育水平与数字机会创造显著正相关，企业规模与数字机会创造显著负相关，而企业年限、创业者年龄、创业者性别和企业所在地区与数字机会创造并不相关。在模型 6 的基础上加入数字能力建立模型 7，用以检验数字能力对数字机会创造的影响。结果表明，数字能力与数字机会创造显著正相关（$\beta = 0.161$，$p < 0.01$），研究提出的假设 5 成立，数字能力对数字机会创造具有正向影响得到了数据支持。

其次，检验数字机会创造对商业模式创新的影响。在模型 2 的基础上加入数字机会创造建立模型 8，用以检验数字机会创造对商业模

式创新的影响。结果表明，数字机会创造与商业模式创新显著正相关
（$\beta = 0.266$，$p < 0.001$），研究提出的假设 6 成立，数字机会创造对商
业模式创新具有正向影响得到了数据支持。

最后，分析加入中介变量数字机会创造后，数字能力对商业模式创
新的回归系数和显著性的变化。由表 5.12 和表 5.14 可以看出，加入数
字机会创造后，数字能力对商业模式创新的影响减弱，回归系数 β 由模
型 2 中的 0.265（$p < 0.001$）变为模型 8 中的 0.223（$p < 0.001$），回归
系数变小，说明数字机会创造在数字能力与商业模式创新的关系中起
到部分中介作用。由回归结果可知假设 7 成立，即数字机会创造在数
字能力与商业模式创新的关系之间起到中介作用得到数据支持。

表 5.14　数字机会创造中介作用的多元回归分析结果（$N = 389$）

变量	因变量：数字机会创造		因变量：商业模式创新
	模型 6	模型 7	模型 8
企业年限	0.100	0.105 *	0.224 ***
	(0.027)	(0.026)	(0.016)
创业者年龄	0.025	0.015	0.121 **
	(0.011)	(0.011)	(0.007)
创业者受教育水平	0.161 **	0.141 **	−0.053
	(0.063)	(0.063)	(0.039)
企业规模	−0.130 *	−0.123 *	−0.275 ***
	(0.043)	(0.043)	(0.027)
创业者性别	−0.071	−0.081	−0.049
	(0.108)	(0.107)	(0.066)
企业所在地区	0.030	0.025	0.002
	(0.053)	(0.052)	(0.032)
数字能力		0.161 **	0.223 ***
		(0.044)	(0.028)
数字机会创造			0.266 ***
			(0.032)
R^2	0.054	0.079	0.299
调整 R^2	0.039	0.063	0.285
F 值	3.657 **	4.700 ***	20.308 ***

注：N 为样本量，括号内为标准误，* 表示 $p < 0.05$，** 表示 $p < 0.01$，*** 表示 $p < 0.001$。
资料来源：笔者整理。

四　数字机会发现和数字机会创造的连续中介作用检验

根据理论分析和案例研究，本书探讨了数字机会发现和数字机会创造在数字能力与商业模式创新的关系中所发挥的作用，并提出研究假设 8 和假设 9。

首先，本书使用 Hayes（2017）开发的 PROCESS 的宏程序来验证整体的中介作用，应用 SPSS 的宏程序重复抽取 5000 次并计算结果。由结果可知，数字机会发现的中介系数为 0.061，置信区间为 [0.011，0.110]，数字机会创造的中介系数为 0.176，置信区间为 [0.113，0.239]，置信区间均不包含零，表明数字机会发现和数字机会创造的中介作用均成立。

其次，检验数字机会发现对数字机会创造的作用。由结果可知，数字机会发现对数字机会创造的影响系数为 0.128，置信区间为 [0.048，0.201]，置信区间不包含零，表明数字机会发现对数字机会创造具有显著影响，假设 8 得到数据支持。

最后，检验数字机会发现、数字机会创造在数字能力与商业模式创新关系间的连续中介作用。由表 5.15 中的结果可知，数字能力通过数字机会发现对商业模式创新的中介效应 M1 为 0.008，95% 的置信区间为 [0.002，0.020]；数字能力通过数字机会创造对商业模式创新的中介效应 M2 为 0.003，95% 的置信区间为 [0.001，0.008]；数字能力依次通过数字机会发现、数字机会创造对商业模式创新的连续中介效应 M3 为 0.022，95% 的置信区间为 [0.008，0.044]。置信区间均不包含零，说明三个中介效应都是显著的。同时，模型的总体中介效应（M1 + M2 + M3）为 0.033，95% 的置信区间为 [0.015，0.058]，不包含零。以上结果表明，数字能力经由数字机会发现和数字机会创造对商业模式创新起到连续中介作用，假设 9 得到数据支持。

表 5.15　数字机会发现、数字机会创造的连续中介作用结果（$N = 389$）

	作用	Boot SE	LL CI	UL CI
数字能力到商业模式创新总中介作用	0.033	0.011	0.015	0.058
M1	0.008	0.005	0.002	0.020
M2	0.003	0.002	0.001	0.008
M3	0.022	0.009	0.008	0.044

注：CI 为置信区间；M1 = 数字能力—数字机会发现—商业模式创新；M2 = 数字能力—数字机会创造—商业模式创新；M3 = 数字能力—数字机会发现—数字机会创造—商业模式创新。

资料来源：笔者整理。

五　创业激情的调节作用检验

为了检验创业激情的调节作用，本书采用陈晓萍、沈伟（2012）的方法进行检验：①对自变量和调节变量进行标准化处理；②将标准化后的自变量和调节变量做乘积项；③检验两者乘积项的回归系数。

首先，检验创业激情在数字能力与数字机会发现之间的调节作用。模型 3 反映了控制变量与数字机会发现的关系，以模型 3 为基准模型，加入数字能力和创业激情建立模型 9，用于检验数字能力和创业激情与数字机会发现的回归系数与显著性水平。然后，加入数字能力和创业激情的乘积项建立模型 10，用于检验创业激情在数字能力与数字机会发现之间的调节作用。

其次，检验创业激情在数字能力与数字机会创造之间的调节作用。模型 6 反映了控制变量与数字机会创造的关系，以模型 6 为基准模型，加入数字能力和创业激情建立模型 11，用于检验数字能力和创业激情与数字机会创造的回归系数与显著性水平。然后，加入数字能力和创业激情的乘积项建立模型 12，用于检验创业激情在数字能力与数字机会创造之间的调节作用。

最后，由表 5.16 可以看出，在模型 10 中，数字能力与创业激情的乘积项与数字机会发现显著正相关（$\beta = 0.141$，$p < 0.01$），研究提出的假设 10 成立，即创业激情在数字能力与数字机会发现的关系之间

起到正向调节作用得到数据支持。在模型 12 中，数字能力与创业激情的乘积项与数字机会创造显著正相关（$\beta = 0.117$，$p < 0.05$），研究提出的假设 11 成立，即创业激情在数字能力与数字机会创造的关系之间起到正向调节作用得到数据支持。创业激情对数字能力与数字机会发现之间关系的调节作用、创业激情对数字能力与数字机会创造之间关系的调节作用分别如图 5.1、图 5.2 所示。

表 5.16　创业激情调节作用的多元回归分析结果（$N = 389$）

变量	因变量：数字机会发现		因变量：数字机会创造	
	模型 9	模型 10	模型 11	模型 12
企业年限	0.041 (0.033)	0.036 (0.032)	0.101 * (0.026)	0.097 (0.026)
创业者年龄	0.128 * (0.014)	0.138 ** (0.014)	0.012 (0.011)	0.020 (0.011)
创业者受教育水平	− 0.020 (0.079)	− 0.007 (0.078)	0.123 * (0.063)	0.133 ** (0.063)
企业规模	− 0.034 (0.053)	− 0.035 (0.052)	− 0.116 * (0.042)	− 0.117 * (0.042)
创业者性别	− 0.041 (0.132)	− 0.034 (0.131)	− 0.072 (0.106)	− 0.066 (0.106)
企业所在地区	− 0.065 (0.064)	− 0.055 (0.064)	0.032 (0.052)	0.039 (0.052)
数字能力	0.108 * (0.055)	0.118 * (0.055)	0.153 ** (0.044)	0.161 ** (0.044)
创业激情	0.185 *** (0.101)	0.172 ** (0.101)	0.117 * (0.081)	0.106 * (0.081)
数字能力 × 创业激情		0.141 ** (0.065)		0.117 * (0.052)
R^2	0.082	0.101	0.093	0.106
调整 R^2	0.062	0.079	0.073	0.085
F 值	4.224 ***	4.717 ***	4.847 ***	4.981 ***

注：N 为样本量，括号内为标准误，* 表示 $p < 0.05$，** 表示 $p < 0.01$，*** 表示 $p < 0.001$。
资料来源：笔者整理。

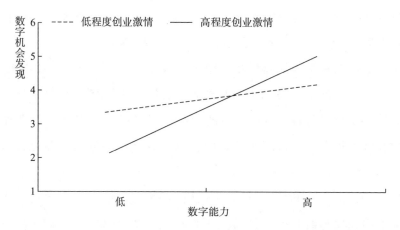

图 5.1　创业激情对数字能力与数字机会发现之间关系的调节作用

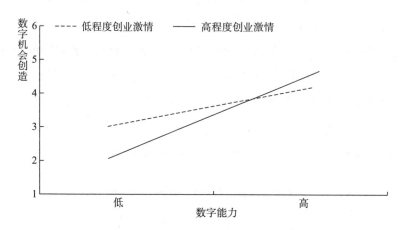

图 5.2　创业激情对数字能力与数字机会创造之间关系的调节作用

六　手段导向的调节效应检验

为了检验手段导向的调节作用，本书采用陈晓萍、沈伟（2012）的方法进行检验：①对自变量和调节变量进行标准化处理；②将标准化后的自变量和调节变量做乘积项；③检验两者乘积项的回归系数。

首先，检验手段导向在数字机会发现与商业模式创新之间的调节作用。模型 1 反映了控制变量与商业模式创新的关系，以模型 1 为基准模型，加入数字机会发现和手段导向建立模型 13，用于检验数字机

会发现和手段导向与商业模式创新的回归系数与显著性水平。以模型
1 为基准模型，加入数字机会创造和手段导向建立模型 14，用于检验
数字机会创造和手段导向与商业模式创新的回归系数与显著性水平。

其次，在模型 13 和模型 14 的基础上加入手段导向与数字机会发
现以及手段导向与数字机会创造的乘积项建立模型 15，用于检验手段
导向在数字机会发现与商业模式创新以及数字机会创造与商业模式创
新之间的调节作用。

最后，由表 5.17 可以看出，在模型 15 中，数字机会发现与手段
导向的乘积项与商业模式创新显著正相关（$\beta = 0.093$，$p < 0.05$），研
究提出的假设 12 成立，即手段导向在数字机会发现与商业模式创新的
关系之间起到正向调节作用得到数据支持。在模型 15 中，数字机会
创造与手段导向的乘积项与商业模式创新显著正相关（$\beta = 0.090$，$p < 0.05$），研究提出的假设 13 成立，即手段导向在数字机会创造与商业
模式创新的关系之间起到正向调节作用得到数据支持。手段导向对数
字机会发现与商业模式创新之间关系的调节作用、手段导向对数字机会
创造与商业模式创新之间关系的调节作用分别如图 5.3、图 5.4 所示。

表 5.17　手段导向调节作用的多元回归分析结果 （$N = 389$）

变量	因变量：商业模式创新		
	模型 13	模型 14	模型 15
企业年限	0.232 ***	0.214 ***	0.202 ***
	(0.017)	(0.017)	(0.016)
创业者年龄	0.114 *	0.131 **	0.113 *
	(0.007)	(0.007)	(0.007)
创业者受教育水平	0.002	− 0.034	− 0.039
	(0.041)	(0.040)	(0.039)
企业规模	− 0.302 ***	− 0.278 ***	− 0.280 ***
	(0.028)	(0.027)	(0.027)
创业者性别	− 0.056	− 0.041	− 0.024
	(0.070)	(0.068)	(0.067)

续表

变量	因变量：商业模式创新		
	模型 13	模型 14	模型 15
企业所在地区	0.018 (0.034)	0.002 (0.033)	0.013 (0.033)
数字机会发现	0.153 ** (0.027)		0.105 * (0.026)
数字机会创造		0.269 *** (0.033)	0.243 *** (0.033)
手段导向	0.172 *** (0.051)	0.118 * (0.051)	0.123 ** (0.051)
数字机会发现 × 手段导向			0.093 * (0.033)
数字机会创造 × 手段导向			0.090 * (0.030)
R^2	0.224	0.265	0.297
调整 R^2	0.208	0.250	0.277
F 值	13.720 ***	17.129 ***	14.482 ***

注：N 为样本量，括号内为标准误，* 表示 $p < 0.05$，** 表示 $p < 0.01$，*** 表示 $p < 0.001$。
资料来源：笔者整理。

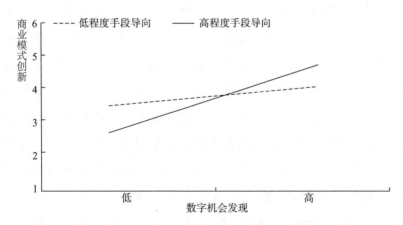

图 5.3　手段导向对数字机会发现与商业模式创新之间关系的调节作用

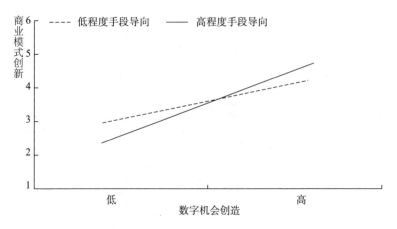

图 5.4　手段导向对数字机会创造与商业模式创新之间关系的调节作用

第六节　结果分析与讨论

本书构建了数字能力、数字机会发现、数字机会创造、创业激情、手段导向和商业模式创新之间的理论模型，并围绕变量间的基本关系展开研究：①数字能力对商业模式创新的影响；②数字机会发现在数字能力与商业模式创新之间的中介作用；③数字机会创造在数字能力与商业模式创新之间的中介作用；④数字机会发现、数字机会创造在数字能力与商业模式创新之间的连续中介作用；⑤创业激情对数字能力与数字机会发现以及数字能力与数字机会创造之间关系的调节作用；⑥手段导向对数字机会发现与商业模式创新以及数字机会创造与商业模式创新之间关系的调节作用。基于理论关系模型，利用收集的 389 份样本数据，采用 SPSS 22.0 和 AMOS 24.0 软件对样本数据进行了信效度分析、验证性因子分析、相关分析以及多元回归分析。分析结果表明，本书所提出的 13 条假设都得到了数据支持，具体假设检验结果如表 5.18 所示。为了进一步明确变量间的作用机制，本书将结合数据分析结果展开深入的讨论和分析。

表 5.18 假设检验结果统计

假设	假设内容	检验结果
H1	数字能力对商业模式创新具有正向影响	支持
H2	数字能力对数字机会发现具有正向影响	支持
H3	数字机会发现对商业模式创新具有正向影响	支持
H4	数字机会发现在数字能力与商业模式创新之间起到中介作用	支持
H5	数字能力对数字机会创造具有正向影响	支持
H6	数字机会创造对商业模式创新具有正向影响	支持
H7	数字机会创造在数字能力与商业模式创新之间起到中介作用	支持
H8	数字机会发现对数字机会创造具有正向影响	支持
H9	数字机会发现、数字机会创造在数字能力与商业模式创新之间起到连续中介作用	支持
H10	创业激情正向调节数字能力与数字机会发现之间的关系	支持
H11	创业激情正向调节数字能力与数字机会创造之间的关系	支持
H12	手段导向正向调节数字机会发现与商业模式创新之间的关系	支持
H13	手段导向正向调节数字机会创造与商业模式创新之间的关系	支持

资料来源：笔者整理。

一 数字能力与商业模式创新的关系

本书基于动态能力理论、创业机会理论和创新理论，从战略和动态性两个视角深度剖析了新创企业数字能力对商业模式创新的影响机制与作用路径。实证结果表明，新创企业的数字能力越高，越能够进行商业模式创新（$\beta = 0.265$，$p < 0.001$），假设 1 得到数据支持。这一结果说明数字能力对新创企业的创新活动以及生存发展具有重要作用。数字能力是新创企业适应数字环境变化并获取竞争优势的数字化综合能力（Khin and Ho，2019）。Nambisan（2017）的研究提出，数字产品开发和商业模式创新能否成功高度依赖于企业的数字能力。数字能力能够为企业的数字化发展指明方向，提升企业的数字化战略敏感性，帮助企业设定发展目标并适时调整组织结构，从而驱动企业朝着数字化方向进行商业模式的创新（Sinkovics et al.，2014）。例如，受访的

北京一家大数据企业创始人认为，数字能力越来越成为新创企业的必备能力，能够帮助企业借鉴吸收经验、改进自身的治理结构和价值创造模式，从而完善商业模式并不断进行创新。此外，数字能力还能够帮助企业动态地配置资源并优化企业对资源的重构方式（Autio et al.，2018；朱秀梅等，2020），进而对商业模式创新产生积极影响。

二 数字机会发现的中介作用

Thomas 等（2014）研究认为，数字经济下环境迅速变化，新创企业通过数字能力来发现并把握数字机会以获取、整合和配置内外部资源，降低市场风险，为企业的可持续发展提供驱动力。新创企业需要通过发现或创造机会来确定核心产品或服务，并挑选合适的时机进入新市场。在数字时代下，数字技术的发展对传统的创业者交互和知识流动形式产生了变革性的影响，数字机会呈现碎片化和动态性等特征，能否发现并把握数字机会关系着新创企业能否创业成功（余江等，2018）。本书以新创企业为研究对象，探索数字机会发现在数字能力与商业模式创新之间的中介作用机制。实证结果表明，数字能力对数字机会发现具有积极影响（$\beta = 0.120$，$p < 0.05$），数字机会发现对商业模式创新具有积极影响（$\beta = 0.145$，$p < 0.01$），数字机会发现在数字能力与商业模式创新之间起到中介作用，假设2、假设3、假设4得到数据支持。

研究发现，数字能力对数字机会发现具有积极影响。数字能力能够提升创业者和新创企业对信息的感知水平，拥有较强数字能力的企业更倾向于使用数字化技术和社交媒体以及其他新兴技术搜索信息，从而能更好地感知和发现数字机会。数字信息的传播打破了传统市场信息的边界，扩展了信息的来源，数字能力能够使创业者利用数字平台、数字生态系统等信息渠道与世界各地不同文化、职业、社会层级的人建立联系，共享数字平台的信息并融合不同文化、理念和思维，从而发现不同于已知市场的数字机会。同时，高质量的数字机会能够积极促进企业进行商业模式创新。在数字环境下，发现高质量的数字机会可以使新创企业获取新知识、培育新产品，增强创新能力和环境适应能力，促使产品开发取得成功，更好、更快地把握机会并实现价值的创造，从而促进商业模式创新。

数字能力能够推动新创企业加强数字技术的应用和开发，从而发现市场中的数字机会（Li et al.，2017），提高机会和资源相互匹配的效率和效果，帮助企业借鉴吸收经验、改进自身的治理结构和价值创造模式，完善和创新自身商业模式。机会和资源并不能直接转化为创新活动和竞争优势，需要对机会和资源进行有效利用（Teece，2007）。例如，受访的一家长春高科技企业创始人认为，数字技术革新和数字能力提升的目的是找到更多不同于以往的、更符合数字时代发展的机会，真正做到挖掘、发现并满足客户的需求，这才是企业创新发展最好的模式。因此，数字能力能够帮助创业者确定自身的数字定位，更好地发现并评估数字机会，引导其调整内部资源，优化资源的组合方式，从而将资源和机会迅速转化为企业价值，推动企业的商业模式创新。

三　数字机会创造的中介作用

Grégoire 和 Shepherd（2012）研究指出，新创企业常常是数字环境下的变革发起者，其往往能够主动地创造数字机会，利用新技术、新原料和新知识等进行创造性破坏和颠覆性创新，从而打破经济系统的均衡状态。数字时代的快速变化导致产业组织形态和实体经济不断重塑，这就要求新创企业不断审视自身的战略态势，借助数字机会创造、资源重组、流程再造等机制实现与数字环境的匹配，进而开发新的商业模式（Balocco et al.，2019；Ferreira et al.，2019；刘志阳等，2020）。拥有强大数字能力的企业能够基于数字技术将不同的个体、组织和社会因素相结合，创造多样化的数字机会，数字机会、资源和环境的匹配过程促进了新价值的创造，从而推动了新创企业的商业模式创新活动。本书以新创企业为研究对象，探索数字机会创造在数字能力与商业模式创新之间的中介作用机制。实证结果表明，数字能力对数字机会创造具有积极影响（$\beta = 0.161$，$p < 0.01$），数字机会创造对商业模式创新具有积极影响（$\beta = 0.266$，$p < 0.001$），数字机会创造在数字能力与商业模式创新之间起到中介作用，假设5、假设6、假设7得到数据支持。

研究发现，数字能力对数字机会创造具有积极影响。拥有数字能力的新创企业能够应用数字技术搭建或利用新的数字平台来增加产品和服务的数字化特性，或重构数字产品与服务以匹配市场的需求，这为创业创造了新的数字机会（蔡莉等，2019）。新创企业也能够基于数字能力在数字平台上与创业主体进行想法的碰撞、融合和实现（Li et al.，2017），拥有数字能力的新创企业和创业者更有意愿与创业主体进行合作，促进信息的交换和知识的共享，这推动了共同创造数字机会的过程。同时，数字机会的创造过程能够为商业模式创新提供价值指导和资源支撑。这有助于创业者和新创企业更好地理解市场偏好、技术创新、资源结构等方面的现状和发展方向，从而更好地进行创业决策，为商业模式的设计和实现提供指导方向，提高产品和服务开发的效率和效果，为客户创造更多的价值，从而促进商业模式创新（Schneckenberg et al.，2019）。

在数字环境下，新创企业基于数字能力可以通过共同创造数字机会的过程在创业主体间搭建价值网络，不断调整和改变企业自身的价值创造模式和价值主张，更好地适应整个价值创造网络，从而实现商业模式创新（Bohnsack et al.，2014；吴晓波、赵子溢，2017）。例如，受访的一家杭州数字企业创始人认为，数字时代的发展和蜕变不是任何一家企业可以独立完成的，需要大家共同推动技术的进步并共同创造更多的机会，创造出符合时代发展的产业集群，创造市场真正需要的商业模式。因此，数字能力使新创企业能够更好地应用和开发数字技术，甚至基于强大的数字能力重新定义市场的机制和规则来创造大量的数字机会，以匹配市场需求并实现组织目标和社会目标，促进企业将新创造的价值与客户需求相匹配，从而推动企业进行商业模式创新。

四　数字机会发现与数字机会创造的连续中介作用

有学者提出机会发现与机会创造并非完全独立的过程，在企业的动态发展过程中，机会发现会逐渐向机会创造转变，并且机会发现可以促进机会创造（Zahra and Nambisan，2012；Alvarez and Barney，2014）。为了拓展数字环境下的机会发现和机会创造研究，本书结合已有研究提出了"数字能力—数字机会发现—数字机会创造—商业模式创新"的理论逻辑，探讨数字机会发现和数字机会创造之间的关联以及二者在数字能力与商业模式创新之间起到的连续中介作用。实证结果表明，数字机会发现对数字机会创造具有积极的影响（$\beta = 0.128$，$p < 0.05$），这说明数字机会发现可以是数字机会创造的支撑，数字能力经由数字机会发现和数字机会创造对商业模式创新起到连续中介作用（$\beta = 0.022$，$p < 0.05$），假设 8 和假设 9 得到数据支持。

研究发现，数字机会发现和数字机会创造在数字能力与商业模式创新之间起到连续中介作用。一方面，数字机会发现对数字机会创造有着积极的影响。新创企业为了获取具有更大价值创造潜力的数字机会，往往要进行数字机会的创造活动。新创企业内部资源、能力相对短缺，而且具有"新生弱性"的特点，对于新创企业来说，能否有根据地重新配置资源，从而创造高质量的数字机会非常关键。数字机会的发现过程是企业应用数字技术与环境的互动过程，这个过程加深了信息间的融通和结合，能够帮助企业甄别出高质量的数字机会，并依据所发现的数字机会以及自身的目标和方向来调整、完善自身的战略与决策（朱秀梅等，2020），从而为数字机会创造提供战略指导和价值支撑。例如，受访的一家北京互联网企业的创始人认为，数字时代下发现创业机会已并非难事，在此基础上通过与客户的互动来打造更多的机会来进行创造和创新，才是企业可持续发展的关键。另一方面，在数字能力的支持下，企业可以依次通过数字机会发现和数字机会创造来影响商业模式创新。拥有数字能力的新创企业可以大量使用数字技术和社交媒体发现并甄别数字机会，利用这些信息高效地重构资源结构，为差异化价值创造提供新的思路和技术支持，与更多的创业主体进行沟通交流以形成数字创新，并创造大量的数字机会，从而更有针对性地进行商业模式创新。同时，拥有数字能力的新创企业可以基于数字机会发现的结果重新审视已有资源的价值是否与市场需求相匹配，更好地明确现有资源的价值、使用范围以及转换成本，提高资源利用的异质性和创新性，提升数字机会创造的效果，从多种价值路径进行商业模式的设计和调整，从而促进商业模式创新（Henfridsson et al.，2018）。因此，数字机会发现和数字机会创造在数字能力与商业模式创新之间起到连续中介作用。

五　创业激情的调节作用

数字能力能够保障新创企业扩展信息边界，降低信息、知识、产品与服务的获取成本，发现数字机会并创造数字机会，但这个过程并非自然而然发生，往往需要创业者保持乐观的态度和积极的情绪。本书引入创业激情这一变量，用以分析创业激情在数字能力与数字机会发现以及数字能力与数字机会创造之间的调节作用。实证结果表明，创业激情在数字能力与数字机会发现之间起到调节作用（$\beta = 0.141$，$p < 0.01$），创业激情在数字能力与数字机会创造之间起到调节作用（$\beta = 0.117$，$p < 0.05$），假设10、假设11得到数据支持。

研究发现，创业激情程度较高时，数字能力能够更有效地驱动数字机会发现和数字机会创造的过程。创业激情作为有利于创业者创造性解决现有问题的积极情绪，能够为拥有强大数字能力的创业者带来强烈而持久的积极情感体验，这种情感的内驱力使创业者更容易积极投身创业活动，提升其主动性，加强自身的情感认同，强化数字能力对数字机会发现以及数字机会创造的影响。一方面，当创业者拥有高程度的创业激情时，数字能力更能够有效地驱动数字机会发现。创业激情是一种强烈而持久的积极情感，有利于创业者持续发掘企业内外部价值和潜力（Cardon and Kirk，2015）。富于激情的创业者更注重企业数字能力的发展（Cardon et al.，2009），从而推动企业应用数字技术系统性搜索信息和知识，使其更专注发现需求和新的数字机会，增强数字能力对数字机会发现的积极影响。另一方面，当创业者拥有高程度的创业激情时，数字能力更能够有效地驱动数字机会创造。数字机会的创造过程往往需要创业主体在数字平台进行信息交换、知识共享以及想法碰撞，但许多新创企业的创业者常常难以积极主动地进行互动。创业激情能够为拥有强大数字能力的创业者带来强烈而持久的积极情感体验（Gielnik et al.，2015），提升交流和沟通的频率和质量，强化企业间的合作意愿以共同创造数字机会并实现更多的顾客价值。例如，受访的一家北京互联网企业的创始人认为，创业激情永远是创业的不竭动力，激情能够帮助自己、团队以及企业渡过难关，专注于提升数字能力，不断发现并创造新的数字机会。因此，创业激情能够在数字能力与数字机会发现以及数字能力与数字机会创造之间起到调节作用。

六　手段导向的调节作用

在数字环境下，数字技术的发展催生了大量数字新产品、智能化生产方式和不同的组织形态（Nambisan，2017）。新创企业更需要创业者基于现有手段保持企业战略柔性并持续学习，尽可能多地创造结果，帮助企业在创业行动中迭代学习并创造价值，从而更好地进行商业模式创新。本书引入手段导向这一变量，用以分析手段导向在数字机会发现与商业模式创新以及数字机会创造与商业模式创新之间的调节作用。实证结果表明，手段导向在数字机会发现与商业模式创新之间起到调节作用（$\beta = 0.093$，$p < 0.05$），手段导向在数字机会创造与商业模式创新之间起到调节作用（$\beta = 0.090$，$p < 0.05$），假设12、假设13得到数据支持。

研究发现，当新创企业的创业者以手段导向为决策逻辑时，数字机会发现和数字机会创造能够更有效地驱动新创企业进行商业模式创新。一方面，手段导向能够加强数字机会发现和商业模式创新之间的关系。应用手段导向的创业者更能够保证对数字机会的有效利用，在面对数字化的新信息、新知识时更愿意将其转化为产品价值和企业价值，使得机会和资源的组合以及对它们的利用更加多元化，促进企业不断完善已有商业模式并同时进行商业模式创新，加强数字机会发现对商业模式创新的促进作用。另一方面，手段导向能够加强数字机会创造和商业模式创新之间的关系。应用手段导向的创业者更注重"干中学"的过程，通过试错和验证性学习的过程获取经验并进一步精确了解市场需求。在充满不确定性的数字环境中，大量潜在需求往往较为模糊，而数字机会创造常常需要依据市场潜在的需求。这就需要新创企业的创业者基于已有手段，充分实践"干中学"的过程，探索和开发新的数字机会和已有资源的可行组合，提升数字机会与资源的融合和转化效率，帮助企业不断明确前进的方向，持续完善已有产品和服务，从而指导企业的商业模式创新活动。同时，应用手段导向的创业者更重视与利益相关者的密切互动和相互学习的过程，从而更有利于企业进行商业模式创新。例如，受访的一家杭州区块链企业的创始人认为，在如今的数字环境下，应用数字机会来完善商业模式要更多地依靠已有手段，如何在已有手段和技术的基础上消除各平台的障碍至关重要，这是数字技术发展前无法想象也无法做到的事情，是一种全新的商业模式。因此，手段导向在数字机会发现与商业模式创新以及数字机会创造与商业模式创新之间起到调节作用。

第七节　本章小结

本章基于理论模型和研究假设，开展了实证分析。课题组进行了正式的数据调研，对北京、西安、长春和杭州成立 8 年以内的新创企业进行分阶段的问卷调查，共回收有效问卷 389 份。本书利用 SPSS 22.0 和 AMOS 24.0 软件对所收集的样本数据进行分析，在对数据进行同源方法偏差检验、信度检验、效度检验等检验的基础上，发现数据的信度和效度均满足实证分析的要求，数据有效性和质量较高，适合做进一步的实证检验。本章利用整理好的有效样本数据，通过描述性统计分析、相关性分析了解样本数据的分布特征和变量间的相关关系，并结合第三章提出的 13 条研究假设构建了数字能力、数字机会发现、数字机会创造、创业激情、手段导向和商业模式创新等主要变量间的多元回归模型来进行多元回归分析。检验结果显示，13 条假设均获得了数据支持。同时，本章在实证分析的基础上，对数字能力、数字机会发现、数字机会创造、创业激情、手段导向和商业模式创新等主要变量间的关系进行了讨论和分析，深入阐释了实证结果成立的原因以及与已有文献的联系。

第六章　结论与展望

本书基于数字背景探索了数字能力对商业模式创新的作用机制，分析了数字机会发现、数字机会创造、创业激情和手段导向在数字能力与商业模式创新关系中的作用。本章在实证分析和结果讨论的基础上，对核心变量数字能力、数字机会发现、数字机会创造、创业激情、手段导向和商业模式创新之间的关系进行了总结与回顾，结合已有文献和现有理论，阐述本书的理论贡献和创新点，并提出了管理实践启示以及研究的局限性和未来研究展望。

第一节　研究结论

近年来，数字能力、数字技术和数字导向对企业创业活动、商业模式以及创新绩效的影响成为管理学领域和创业领域的热点问题。然而，关于数字能力对商业模式创新的影响机制，已有文献尚未进行深入研究以及实证检验。本书以新创企业为研究对象，基于动态能力理论、创业机会理论和创新理论，在案例分析的基础上，提出了数字能力影响商业模式创新的理论模型和研究假设，引入数字机会发现和数字机会创造变量，揭示数字机会发现和数字机会创造在数字能力与商业模式创新之间起到的中介作用以及连续中介作用，同时通过引入创业激情和手段导向，深入挖掘了数字能力对商业模式创新的路径机制及其边界条件。

　　本书采用问卷调查方式，收集来自北京、杭州、长春和西安四个城市的新创企业样本数据，剔除数据不完整、信息不一致的无效样本后，最终获得 389 份有效样本。本书通过 SPSS 22.0 和 AMOS 24.0 软件对所获得的样本数据进行同源方法偏差检验、信度检验、效度检验和相关性分析，发现样本数据的有效性和质量适合进行进一步分析。随后，利用整理好的有效样本数据，通过多元回归分析和 Bootstrap 方法对研究假设进行数据验证，结果表明，本书提出的 13 条假设均得到数据支持，并得出以下研究结论。

　　第一，数字能力对商业模式创新具有正向影响。本书基于已有文献和理论研究，从战略视角和动态性视角出发，分析在数字背景下新创企业如何应用和培养数字能力来改进自身的治理结构、企业价值创造模式和企业价值获取模式，从而促进自身的商业模式创新。结果表明，数字能力与商业模式创新之间呈现显著的正向关系。

　　第二，数字机会发现、数字机会创造在数字能力与商业模式创新的关系间发挥中介作用。新创企业在数字经济环境的迅速变化中需要运用系统的数字能力来整合、配置内外部资源，更好地理解用户需求，这要求企业不仅要发现数字机会，还要积极创造数字机会来降低市场风险，为可持续发展提供驱动力。本书基于动态能力理论、创业机会理论和创新理论，分析了数字机会发现和数字机会创造对数字能力与商业模式创新关系的影响。本书利用多元回归分析检验了数字机会发现、数字机会创造的中介效应，结果表明：数字能力正向影响数字机会发现、数字机会创造；数字机会发现、数字机会创造正向影响商业模式创新；数字机会发现、数字机会创造在数字能力与商业模式创新的关系间起到中介作用。

　　第三，数字机会发现、数字机会创造在数字能力与商业模式创新的关系间起到连续中介作用。本书从机会发现观和机会创造观整合的视角出发，分析了数字机会发现和数字机会创造在数字能力与商业模式创新关系间的连续中介作用机制。本书认为，数字机会发现是对数字机会深入理解和探索的过程，能够指导企业依据更清晰的需求和目标进行数字机会创造，数字机会发现有助于进一步推动数字机会创造。本书利用 SPSS 22.0 软件检验连续中介作用，结果表明，数字机会发现、数字机会创造在数字能力与商业模式创新之间起到连续中介作用，数字能力可以依次通过数字机会发现、数字机会创造影响商业模式创新。

第四，创业激情正向调节数字能力与数字机会发现以及数字能力与数字机会创造之间的关系。数字机会相较于传统创业机会呈现碎片化和动态性的特征，需要创业者保持主动的态度和创业的激情。创业激情作为有利于创业者创造性解决现有问题的积极情绪，能够为创业者带来强烈而持久的积极情感体验，这种情感的内驱力使创业者更容易带动企业基于数字能力进行积极主动的发现和创造活动，强化数字能力对数字机会发现以及数字机会创造的影响。本书探索了创业激情在数字能力与数字机会发现以及数字能力与数字机会创造关系间的积极作用。本书利用 SPSS 22.0 软件进行了创业激情的调节效应检验，结果表明，创业激情正向调节数字能力与数字机会发现以及数字能力与数字机会创造之间的关系。

第五，手段导向正向调节数字机会发现与商业模式创新以及数字机会创造与商业模式创新之间的关系。手段导向作为一种学习型的决策逻辑，有助于新创企业在数字机会发现和数字机会创造的过程中迭代学习并持续创造价值，促进数字机会和资源相互匹配，从而加强数字能力对商业模式创新的影响。本书探索了手段导向在数字机会发现与商业模式创新以及数字机会创造与商业模式创新关系间的积极作用。本书利用 SPSS 22.0 软件进行了手段导向的调节效应检验，结果表明，手段导向正向调节数字机会发现与商业模式创新以及数字机会创造与商业模式创新之间的关系。

第二节　研究的创新性

数字经济的发展引领了数字创业和数字转型的浪潮，数字技术的进步不仅重塑了传统产业形态，也革新了传统的商业模式。在数字环境下，新创企业已经很难仅依靠传统创业机会和商业模式取得创业成功并实现快速成长，历史数据也已经不能准确预测市场需求的变化和数字环境的发展方向。为了适应数字环境的迅速变化，一方面，新创企业必须培养和提升数字能力，利用数字能力来发现并创造数字机会；另一方面，新创企业必须加强对数字机会和资源的利用，改进企业的价值创造和价值获取方式，推动自身的商业模式创新。拥有较强数字能力的新创企业可以通过数字机会发现提升数字机会创造的效率和效果，从而促进企业的商业模式创新。同时，创业激情提升了创业者的主动性，强化了数字能力对数字机会发现以及数字机会创造的影响；手段导向促进了数字机会和资源的相互匹配，增强了数字机会发现以及数字机会创造对商业模式创新的影响。本书基于数字情境，在动态能力理论、创业机会理论和创新理论等相关理论的基础上，通过借鉴数字能力、数字机会发现、数字机会创造、创业激情、手段导向和商业模式创新的相关研究，构建了数字能力影响商业模式创新的理论模型并提出了研究假设，深入揭示了数字能力对商业模式创新的影响机制及其边界条件。总的来说，本书的理论创新主要体现在以下三个方面。

第一，本书拓展并丰富了数字能力的理论和实证研究，也为数字情境下的商业模式创新研究提供了新的视角。数字能力是数字时代下新创企业获取可持续竞争优势的关键要素，逐渐引起了学者们的关注，但现有文献对数字能力内涵和特征的研究不够深入，特别是实证研究仍然非常匮乏，导致理论研究滞后于实践发展。本书深入挖掘了数字能力的本质内涵，拓展了数字能力的概念和特征，从而进一步拓展和丰富了数字能力的研究，为后续研究奠定了基础。数字能力是一种数字情境下的动态能力，对其内涵和特征的解构有助于推动数字情境下动态能力的理论研究。同时，本书解构了数字能力对商业模式创新的影响机制。数字能力能够帮助新创企业确定数字定位，为企业的数字化发展提供目标和方向，提升企业的数字战略敏感性，帮助企业适时调整组织结构，从而驱动企业创新商业模式。本书对数字能力内涵和特征的拓展，以及对数字能力与商业模式创新关系的实证研究，不仅推动了动态能力理论在数字环境的应用，也拓展了数字情境下的商业模式创新研究，为未来数字能力和商业模式创新更深层次的研究提供了参考。

第二，本书明晰了数字机会发现和数字机会创造的概念，将数字要素纳入创业机会的研究中，丰富了机会发现观和机会创造观整合视角的研究，也拓展了创业机会理论在数字情境下的应用。本书主要针对数字机会发现和数字机会创造研究的两个主要问题进行回应和创新。一方面，创业机会研究已经获得了快速的发展和众多成果，但随着数字技术逐渐融入企业的管理和创业活动，创业机会的来源、特征以及获取途径等已经发生了深刻的变化，数字机会越来越多，创业活动也越来越离不开数字创业想法的涌现与对数字机会的应用。本书深入讨论了数字机会与传统创业机会之间的联系与区别，厘清了数字机会发现和数字机会创造的概念与边界范围，为后续研究奠定了基础。另一方面，本书将数字机会发现和数字机会创造引入了数字能力与商业模式创新的关系中，探究了数字能力影响商业模式创新的路径机制。数字能力能够帮助企业更好地发现并评估数字机会，引导其将资源和机会迅速匹配并转化为企业价值，推动企业的商业模式创新。拥有较强数字能力的企业还能够更好地应用和开发数字技术，与其他创业主体共同创造数字机会，创造新的价值，从而促进商业模式创新。本书明确了数字机会发现和数字机会创造的中介作用，揭示了数字能力影响商业模式创新的路径机制，这不仅拓展了数字机会的理论和实证研究，呼应了彭秀青等（2016）和蔡莉等（2019）将机会发现观和机会创造观应用于中国数字化发展背景下理论研究的倡导，也回应了 Hull 等（2007）和朱秀梅等（2020）对数字机会与商业模式的关系展开深入实证研究的呼吁，这有助于启发数字创业的相关研究，以及积极探索数字机会在新创企业创业过程中所发挥的重要作用。

同时，本书基于机会发现观和机会创造观整合的视角，在厘清数字机会发现与数字机会创造关系的基础上，揭示了数字机会发现、数字机会创造在数字能力与商业模式创新关系间的连续中介作用。一方面，学界基于机会发现观和机会创造观两个不同视角对创业机会进行的研究已日趋深化，Zahra 和 Nambisan（2012）的研究更是提出，在企业动态发展过程中机会发现会逐渐向机会创造转变。尽管已有研究开始关注机会发现观和机会创造观的整合过程，但尚未涉及数字机会发现对数字机会创造的影响。事实上，在数字环境下，制度、市场和创业环境发生了迅速的变化，这为新创企业提供了更多的自由空间，新创企业根据数字机会发现过程中所体现的机会价值和资源价值来判断现有资源结构的合理性，并对数字和非数字资源进行重新利用，调整数字机会和资源的匹配方式，为数字机会创造提供战略指导和价值支撑。数字机会发现是数字机会创造的基础，新创企业通过资源和能力的积累，依据市场的发展顺势而为、谋势而动，以发现市场中的数字机会，并根据自身和行业的力量因势而创，从而创造更多的数字机会。另一方面，数字机会发现、数字机会创造在数字能力与商业模式创新之间具有连续中介作用。在数字能力的支持下，新创企业通过数字技术来发现和甄别数字机会，并根据发现过程中收集的信息高效地更新并重构资源结构，为差异化价值创造提供新的思路和技术支持，这可以有效指导企业与环境互动，进而创造大量的数字机会，使企业可以从多种价值路径进行商业模式创新。本书的实证结果也证明了，数字机会发现、数字机会创造在数字能力与商业模式创新之间起到连续中介作用。

因此，探讨数字机会发现与数字机会创造的概念，明晰数字机会发现、数字机会创造在数字能力与商业模式创新关系间的中介作用以及连续中介作用，不仅有助于推动创业机会研究从机会发现观、机会创造观的单一视角向整合视角转化，也弥补了先前研究忽视数字机会发现和数字机会创造连续中介作用的缺陷（Khin and Ho，2019）。同时，本书将数字要素引入创业机会相关研究，有利于拓展创业机会理论在数字情境下的理论边界，弥补创业机会相关理论研究的不足，也为未来深入研究数字机会提供借鉴。

第三，本书探讨了创业激情和手段导向的调节作用，丰富了创业激情和手段导向在数字创业情境下的相关研究。创业激情作为一种积极而强烈的情绪，能够使创业者全情投入，提升创业者的主动性，加强数字能力对数字机会发现以及数字机会创造的促进作用。这与近年来提出的创业激情可以增强创业者自主动机的观点是一致的（Chen et al.，2009）。一方面，拥有较高程度创业激情的创业者更能够坚持发掘企业内外部价值，提升企业基于数字能力进行信息搜索的效果，更有益于发现新的数字机会，增强数字能力对数字机会发现的积极影响。另一方面，拥有较高程度创业激情的创业者更能够主动地应用数字能力来加强与其他创业主体的交流和沟通，加强不同主体间的合作意愿并共同创造更多的数字机会，加强数字能力对数字机会创造的驱动作用。关于调节作用的实证分析也证明，创业激情在数字能力与数字机会发现以及数字能力与数字机会创造的关系间存在正向调节作用。因此，将创业激情纳入数字能力和数字机会的研究之中，有助于深入探索数字能力的影响机制和影响边界。

手段导向作为一种决策逻辑，有助于新创企业在创业行动中迭代学习并创造价值，加强数字机会发现以及数字机会创造对商业模式创新的促进作用。一方面，应用手段导向的创业者更愿意根据已有手段进行创新尝试，更能够保证所发现的数字机会得到有效利用，从而加强数字机会发现对商业模式创新的促进作用。另一方面，应用手段导向的创业者更注重"干中学"的过程，应用试错和验证性学习来探索其创造的数字机会与已有资源的可行组合，提升数字机会与资源的融合和转化效率，其更能够理解市场潜在需求和价值创造的发展方向，增强数字机会创造对商业模式创新的驱动作用。关于调节作用的实证分析也证明，手段导向在数字机会发现与商业模式创新以及数字机会创造与商业模式创新的关系间存在正向调节作用。因此，本书将手段导向纳入商业模式创新的研究之中，有助于进一步分析企业进行商业模式创新的边界条件，明晰数字机会发现和数字机会创造对商业模式创新的影响机制。

本书探索机会视角下数字能力与商业模式创新关系间的调节变量，进一步揭示新创企业在数字情境下应用数字能力进行创新活动受到内部特征影响的过程，丰富了创新理论在数字情境下的相关研究。同时，本书也提供了将创业激情和手段导向研究与数字创业研究相融合的新视角。

第三节　管理实践启示

相较于传统企业，新创企业普遍具有"新生弱性"等特点，新创企业要如何培养和提升自身能力，发现并把握创业机会以获取独特的竞争优势？这是创业领域理论研究的重点问题，往往也是新创企业的管理实践难题。在数字时代，数字技术改变了原有产品的基本形态、新产品生产过程、商业模式和组织形态，甚至颠覆了许多创新理论的基本假设。数字创业当前正处在快速发展的时期，应用新型数字创业要素和挖掘传统创业要素的数字属性，才能保障新创企业不错过数字化发展契机。基于此，本书构建了有关数字能力、数字机会发现、数字机会创造、创业激情、手段导向和商业模式创新的理论框架，为数字环境下新创企业突破传统创业行为惯性，重视数字化创业活动提供了理论指导，也为新创企业的创新和发展提供了实践启示。

第一，新创企业应当重视数字能力的重要性，积极培养和提升自身的数字能力。在传统工业时代，创业者在成本的束缚下只能追求基于完善计划的创业方式，而在数字时代，数字技术的发展降低了获取关键信息和进行需求分析的成本，创业者可以更有针对性地与用户和其他创业主体进行互动和交流，而这些活动需要企业的数字能力作为支撑。数字能力不仅仅是一种应用数字技术的能力，也是企业将内外部资源、机会与能力相互结合以适应数字环境变化的一种动态能力，能够帮助新创企业把握动态市场信息，降低数字市场风险。不仅如此，本书的研究结果还表明，数字能力能够有效促进企业的商业模式创新。数字能力能够为企业的数字化发展指明方向，提升企业的数字化战略敏感性，并帮助企业重构资源结构，驱动企业进行商业模式创新。因此，新创企业应当依据自身的能力基础和特性，保持创业精神，通过持续学习积极培养和应用自身的数字能力，规划、制定、评估并执行数字战略，积极地拓展市场和价值网络来发现和创造新的数字机会，开发独特的商业模式并建立竞争优势。

第二，新创企业应当注重挖掘和创造数字机会，重视数字机会发现和数字机会创造在数字能力与商业模式创新关系间的关键作用。根据所处行业、自身发展特点等情况，应用新型数字创业要素和挖掘传统创业要素的数字属性，重新整合新要素和传统要素，是新创企业需要考虑并解决的重要问题。在数字时代下，数字要素与传统要素的重新融合在改变产品和服务边界的同时也改变了已有创业机会的边界，数字创业活动的无边界性使得创业机会可以动态变化和拓展，物理组件、数字组件与个体、组织和社会因素的结合更是产生了多样化的数字机会（余江等，2017），而发现和创造数字机会需要新创企业强大数字能力的支持。因此，新创企业应当积极培养数字能力，注重发现和把握数字机会，增加产品和服务的数字化特性以匹配市场的需求，创造具有更大价值创造潜力的数字机会。此外，新创企业也应当重视数字机会发现和数字机会创造在数字能力与商业模式创新关系间的连续中介作用。新创企业在应用数字能力进行商业模式创新的过程中，既应做到积极发现并把握数字机会来重构机会与资源的匹配方式，也应基于已有数字机会与其他创业主体开展合作共享，共同创造数字机会，并规范合作的方式和惯例，保障多主体之间的共生共赢，持续推动数字机会创造的过程，确保灵活调整商业模式以匹配数字环境的快速变化，保障企业的数字化创新和发展。

第三，新创企业的创业者需要更加关注创业激情和手段导向的重要作用。一方面，创业激情能够加强创业者迎难而上的决心，提升其主动性。例如，阿里巴巴创始人马云认为，创业需要激情，持久的创业激情支持着创业者不断自我完善、寻求突破和全情投入。创业者应当注重培养创业激情，提升自主性并保持激情和活力，这样才能更为积极地坚持培养和提升数字能力，将数字革新和动态发展根植于企业的发展战略中，从而更主动地发现市场中的数字机会，积极拓展企业价值网络的范围，与其他主体进行合作，创造更多的数字机会，这对于推动新创企业在数字环境中快速响应市场需求和构建独特的竞争优势具有极其重要的作用。另一方面，创业者应有意识地加强对手段导向的应用。例如，受访的一家新创企业的创始人认为，数字环境下要更多地依靠现有手段，如何在已有手段和技术的基础上消除各数字平台的障碍至关重要。新创企业应该在明确企业现有手段和对内外部资源做出客观评估的基础上，应用手段导向来带动高效率的信息传递和知识共享，为企业未来成长和发展提供有利的资源基础，提升数字机会和资源的匹配程度以及创业者的创新认知，加强数字机会发现和数字机会创造对商业模式创新的促进作用。

第四节　研究局限与未来展望

本书基于动态能力理论、创业机会理论和创新理论，探讨了数字能力对商业模式创新的作用机制，分析了数字机会发现和数字机会创造的中介作用与连续中介作用，并探索了创业激情和手段导向的调节作用，具有一定的理论价值与实践启示。但是，本书仍存在一定的研究局限与不足之处，有待在后续的研究中更为深入地探讨。

第一，本书探索并丰富了数字能力的内涵和特征，通过理论和实证研究明晰了数字能力与商业模式创新的关系。但由于时间和资源的限制，本书仅讨论了新创企业在某一阶段的表现，而新创企业培养、应用和提升数字能力以及数字能力作用于商业模式创新是一个复杂而长期的动态过程，在企业不同的发展阶段可能存在不同的作用机制。同时，对于不同类型的数字新创企业，数字能力可能是企业生存发展并获取竞争优势的专属性能力，也可能是企业寻求数字化转型和拓展数字化业务的一般性能力，这意味着数字能力对于不同的新创企业可能存在不同的影响过程。因此，未来研究可以进一步挖掘数字能力的内涵和特征，完善数字能力的测量方式，并依据新创企业不同的数字化类型，深入探究数字能力在异质化新创企业中的差异化表现形式，更为全面地揭示数字能力的动态影响及其作用机制。

第二，本书将数字要素纳入创业机会的研究中，基于已有研究明晰了数字机会发现和数字机会创造的概念，探索了数字机会发现和数字机会创造的影响机制。但对新型数字创业要素和传统创业要素数字属性的研究仍处于初级阶段，本书对数字机会的研究还不够全面，对数字机会发现和数字机会创造概念体系的研究仍不够深入和完善，对其特征、内涵和测量方法仍然需要深入挖掘。因此，未来研究可以基于不同视角和环境来进一步探究与丰富数字机会发现以及数字机会创造的内涵和测量方法，或基于不同的数字机会类型揭示数字机会的形成机制及其影响过程，深入挖掘数字机会发现和数字机会创造的前因变量和结果变量。此外，本书探索了数字机会发现和数字机会创造对数字能力与商业模式创新之间关系的影响机制，验证了数字机会发现和数字机会创造的中介作用以及连续中介作用，而数字能力作用于商业模式创新的过程可能是一个多因素、多路径和多层面的复杂过程，因此，未来可以从更多视角探索不同影响因素作用于数字能力与商业模式创新之间关系的路径机制，或从个体、团队和组织层面以及跨层面展开研究，进一步丰富数字能力和商业模式创新的研究成果。

第三，本书应用案例研究和实证研究相结合的方法探究了数字能力、数字机会发现、数字机会创造、创业激情、手段导向和商业模式创新之间的关系，基于案例研究获取的资料初步厘清变量之间的关系并建立理论模型，并以此为基础提出研究假设，再通过实证研究方法验证所提假设和理论模型。案例研究和实证研究相结合的方式可以提升研究结果的完整性，在一定程度上弥补单一研究方法的缺陷，而管理学领域逐渐兴起的全景式研究范式可以得出更为全面的研究结论，提高研究结论的解释力（Chatman and Flynn，2005）。因此，未来可以将仿真研究和实验研究纳入数字能力与商业模式创新的研究中，综合利用案例研究、仿真研究、实证研究（横向研究、纵向研究）、实验研究等研究方法探寻和丰富变量之间的内在关系，不断拓展与完善研究成果。

参考文献

[1] Achtenhagen, L., Melin, L., Naldi, L., 2013, "Dynamics of Business Models-strategizing, Critical Capabilities and Activities for Sustained Value Creation", *Long Range Planning*, 46 (6), pp. 427 – 442.

[2] Alsos, G. A., Clausen, T. H., Hytt, U., 2016, "Entrepreneurs' Social Identity and the Preference of Causal and Effectual Behaviours in Start-up Processes", *Entrepreneurship & Regional Development*, 28 (3 – 4), pp. 234 – 258.

[3] Alvarez, S. A., Barney, J. B., 2014, "Entrepreneurial Opportunities and Poverty Alleviation", *Entrepreneurship Theory and Practice*, 38 (1), pp. 159 – 184.

[4] Alvarez, S. A., Young, S. L., Woolley, J. L., 2015, "Opportunities and Institutions: A Co-creation Story of the King Crab Industry", *Journal of Business Venturing*, 30 (1), pp. 95 – 112.

[5] Amit, R., Zott, C., 2012, "Creating Value Through Business Model Innovation", *MIT Sloan Management Review*, 53 (3), pp. 41 – 49.

[6] Angeli, F., Jaiswal, A. K., 2016, "Business Model Innovation for Inclusive Health Care Delivery at the Bottom of the Pyramid", *Organization & Environment*, 29 (4), pp. 486 – 507.

[7] Ardichvili, A., Cardozo, R., Ray, S., 2003, "A Theory of En-

trepreneurial Opportunity Identification and Development", *Journal of Business Venturing*, 18 (1), pp. 105 – 123.

[8] Aspara, J., Hietanen, J., Tikkanen, H., 2010, "Business Model Innovation vs Replication: Financial Performance Implications of Strategic Emphases", *Journal of Strategic Marketing*, 18 (1), pp. 39 – 56.

[9] Augier, M., Teece, D. J., 2009, "Dynamic Capabilities and the Role of Managers in Business Strategy and Economic Performance", *Organization Science*, 20 (2), pp. 410 – 421.

[10] Autio, E., Nambisan, S., Thomas, L. D. W., 2018, "Digital Affordances, Spatial Affordances, and the Genesis of Entrepreneurial Ecosystems", *Strategic Entrepreneurship Journal*, 12 (1), pp. 72 – 95.

[11] Baden-Fuller, C., Morgan, M. S., 2010, "Business Models as Models", *Long Range Planning*, 43 (2 – 3), pp. 156 – 171.

[12] Baker, T., Nelson, R. E., 2005, "Creating Something from Nothing: Resource Construction Through Entrepreneurial Bricolage", *Administrative Science Quarterly*, 50 (3), pp. 329 – 366.

[13] Balocco, R., Cavallo, A., Ghezzi, A., 2019, "Lean Business Models Change Process in Digital Entrepreneurship", *Business Process Management Journal*, 25 (7), pp. 1520 – 1542.

[14] Baron, R. A., 2008, "The Role of Affect in the Entrepreneurial Process", *Academy of Management Review*, 33 (2), pp. 328 – 340.

[15] Baron, R. M., Kenny, D. A., 1986, "The Moderator-mediator Variable Distinction in Social Psychological Research: Conceptual, Strategic, and Statistical Considerations", *Journal of Personality and Social Psychology*, 51 (6), pp. 1173 – 1182.

[16] Barrett, M., Davidson, E., Prabhu, J., 2015, "Service Innovation in the Digital Age: Key Contributions and Future Directions", *Mis Quarterly*, 39 (1), pp. 135 – 154.

[17] Bergek, A., Berggren, C., Magnusson, T., 2013, "Technological Discontinuities and the Challenge for Incumbent Firms: Destruction, Disruption or Creative Accumulation?", *Research Policy*, 42 (6 – 7), pp. 1210 – 1224.

[18] Blank, S., 2013, "Why the Lean Startup Changes Everything", *Harvard Business Review*, 91 (5), pp. 63 – 72.

[19] Bohnsack, R., Pinkse, J., Kolk, A., 2014, "Business Models for Sustainable Technologies: Exploring Business Model Evolution in the Case of Electric Vehicles", *Research Policy*, 43 (2), pp. 284 – 300.

[20] Breugst, N., Domurath, A., Patzelt, H., 2012, "Perceptions of Entrepreneurial Passion and Employees' Commitment to Entrepreneurial Ventures", *Entrepreneurship Theory and Practice*, 36 (1), pp. 171 – 192.

[21] Bucherer, E., Eisert, U., Gassmann, O., 2012, "Towards Systematic Business Model Innovation: Lessons from Product Innovation Management", *Creativity and Innovation Management*, 21 (2), pp. 183 – 198.

[22] Cao, L., Navare, J., Jin, Z., 2018, "Business Model Innovation: How the International Retailers Rebuild Their Core Business Logic in a New Host Country", *International Business Review*, 27 (3), pp. 543 – 562.

[23] Cardon, M. S., Grégoire, D. A., Stevens, C. E., 2013, "Measuring Entrepreneurial Passion: Conceptual Foundations and Scale Validation", *Journal of Business Venturing*, 28 (3), pp. 373 – 396.

[24] Cardon, M. S., Kirk, C. P., 2015, "Entrepreneurial Passion as Mediator of the Self-efficacy to Persistence Relationship", *Entrepreneurship Theory and Practice*, 39 (5), pp. 1027 – 1050.

[25] Cardon, M. S., Wincent, J., Singh, J., 2009, "The Nature and Experience of Entrepreneurial Passion", *Academy of Management Review*, 34 (3), pp. 511 – 532.

[26] Casadesus, M. R., Ricart, J. E., 2010, "From Strategy to Business Models and Onto Tactics", *Long Range Planning*, 43 (2 – 3), pp. 195 – 215.

[27] Cavalcante, S., Kesting, P., Ulhøi, J., 2011, "Business Model Dynamics and Innovation: Establishing the Missing Linkages", *Management Decision*, 49 (8), pp. 1327 – 1342.

[28] Chandler, G. N., DeTienne, D. R., McKelvie, A., 2011, "Causation and Effectuation Processes: A Validation Study", *Journal of Business Venturing*, 26 (3), pp. 375 – 390.

[29] Chang, S. J., Van Witteloostuijn, A., Eden, L., 2010, "From the Editors: Common Method Variance in International Business Research", *Journal of International Business Studies*, 41 (2), pp. 178 – 184.

[30] Chatman, J. A., Flynn, F. J., 2005, "Full-cycle Micro-organizational Behavior Research", *Organization Science*, 16 (4), pp. 434 – 447.

[31] Chen, X. P., Yao, X., Kotha, S., 2009, "Entrepreneur Passion and Preparedness in Business Plan Presentations: A Persuasion Analysis of Venture Capitalists' Funding Decisions", *Academy of Management Journal*, 52 (1), pp. 199 – 214.

[32] Chesbrough, H., 2010, "Business Model Innovation: Opportunities

and Barriers", *Long Range Planning*, 43 (2 – 3), pp. 354 – 363.

[33] Chesbrough, H., Rosenbloom, R. S., 2002, "The Role of the Business Model in Capturing Value from Innovation: Evidence from Xerox Corporation's Technology Spin-off Companies", *Industrial and Corporate Change*, 11 (3), pp. 529 – 555.

[34] Christensen, C. M., Raynor, M. E., 2003, "Why Hard-nosed Executives Should Care About Management Theory", *Harvard Business Review*, 81 (9), pp. 66 – 75.

[35] Christensen, C. M., Verlinden, M., Westerman, G., 2002, "Disruption, Disintegration and the Dissipation of Differentiability", *Industrial and Corporate Change*, 11 (5), pp. 955 – 993.

[36] Cucculelli, M., Bettinelli, C., 2015, "Business Models, Intangibles and Firm Performance: Evidence on Corporate Entrepreneurship from Italian Manufacturing SMEs", *Small Business Economics*, 45 (2), pp. 329 – 350.

[37] Demil, B., Lecocq, X., 2010, "Business Model Evolution: In Search of Dynamic Consistency", *Long Range Planning*, 43 (2 – 3), pp. 227 – 246.

[38] De Oliveira, D. T., Cortimiglia, M. N., 2017, "Value Co-creation in Web-based Multisided Platforms: A Conceptual Framework and Implications for Business Model Design", *Business Horizons*, 60 (6), pp. 747 – 758.

[39] Desyllas, P., Sako, M., 2013, "Profiting from Business Model Innovation: Evidence from Pay-As-You-Drive Auto Insurance", *Research Policy*, 42 (1), pp. 101 – 116.

[40] Dimov, D., 2011, "Grappling with the Unbearable Elusiveness of Entrepreneurial Opportunities", *Entrepreneurship Theory and Prac-*

tice, 35（1）, pp. 57 – 81.

[41] Doganova, L. , Eyquem-Renault, M. , 2009, "What Do Business Models Do?: Innovation Devices in Technology Entrepreneurship", *Research Policy*, 38（10）, pp. 1559 – 1570.

[42] Donnellon, A. , Ollila, S. , Middleton, K. W. , 2014, "Constructing Entrepreneurial Identity in Entrepreneurship Education", *The International Journal of Management Education*, 12（3）, pp. 490 – 499.

[43] Doz, Y. L. , Kosonen, M. , 2010, "Embedding Strategic Agility: A Leadership Agenda for Accelerating Business Model Renewal", *Long Range Planning*, 43（2 – 3）, pp. 370 – 382.

[44] Dutta, D. K. , Crossan, M. M. , 2005, "The Nature of Entrepreneurial Opportunities: Understanding the Process Using the 4I Organizational Learning Framework", *Entrepreneurship Theory and Practice*, 29（4）, pp. 425 – 449.

[45] Eisenhardt, K. M. , 1989, "Building Theories from Case Study Research", *Academy of Management Review*, 14（4）, pp. 532 – 550.

[46] Eisenhardt, K. M. , Graebner, M. E. , 2007, "Theory Building from Cases: Opportunities and Challenges", *Academy of Management Journal*, 50（1）, pp. 25 – 32.

[47] Eisenhardt, K. M. , Martin, J. A. , 2000, "Dynamic Capabilities: What Are They?", *Strategic Management Journal*, 21（10）, pp. 1105 – 1121.

[48] Farani, A. Y. , Karimi, S. , Motaghed, M. , 2017, "The Role of Entrepreneurial Knowledge as a Competence in Shaping Iranian Students' Career Intentions to Start a New Digital Business", *European*

Journal of Training and Development, 41 (1), pp. 83 – 100.

[49] Ferreira, J. J. M. , Fernandes, C. I. , Ferreira, F. A. F. , 2019, "To Be or Not to Be Digital, That is the Question: Firm Innovation and Performance", *Journal of Business Research*, 101, pp. 583 – 590.

[50] Fitzgerald, M. , Kruschwitz, N. , Bonnet, D. , 2014, "Embracing Digital Technology: A New Strategic Imperative", *MIT Sloan Management Review*, 55 (2), pp. 1 – 12.

[51] Fornell, C. , Larcker, D. F. , 1981, "Evaluating Structural Equation Models with Unobservable Variables and Measurement Error", *Journal of Marketing Research*, 18 (1), pp. 39 – 50.

[52] Foss, N. J. , Saebi, T. , 2017, "Fifteen Years of Research on Business Model Innovation: How Far Have We Come, and Where Should We Go?", *Journal of Management*, 43 (1), pp. 200 – 227.

[53] George, G. , Bock, A. J. , 2011, "The Business Model in Practice and Its Implications for Entrepreneurship Research", *Entrepreneurship Theory and Practice*, 35 (1), pp. 83 – 111.

[54] Ghezzi, A. , Cavallo, A. , 2020, "Agile Business Model Innovation in Digital Entrepreneurship: Lean Startup Approaches", *Journal of Business Research*, 110, pp. 519 – 537.

[55] Gielnik, M. M. , Spitzmuller, M. , Schmitt, A. , 2015, "I Put in Effort, Therefore I Am Passionate: Investigating the Path from Effort to Passion in Entrepreneurship", *Academy of Management Journal*, 58 (4), pp. 1012 – 1031.

[56] González, M. F. , Husted, B. W. , Aigner, D. J. , 2017, "Opportunity Discovery and Creation in Social Entrepreneurship: An Exploratory Study in Mexico", *Journal of Business Research*, 81 (12), pp. 212 – 220.

[57] Govindarajan, V., Kopalle, P. K., 2006, "Disruptiveness of Innovations: Measurement and an Assessment of Reliability and Validity", *Strategic Management Journal*, 27 (2), pp. 189 – 199.

[58] Grégoire, D. A., Shepherd, D. A., 2012, "Technology-Market Combinations and the Identification of Entrepreneurial Opportunities: An Investigation of the Opportunity-Individual Nexus", *Academy of Management Journal*, 55 (4), pp. 753 – 785.

[59] Guo, H., Su, Z., Ahlstrom, D., 2016, "Business Model Innovation: The Effects of Exploratory Orientation, Opportunity Recognition, and Entrepreneurial Bricolage in an Emerging Economy", *Asia Pacific Journal of Management*, 33 (2), pp. 533 – 549.

[60] Gupta, A., 2000, "Enterprise Resource Planning: The Emerging Organizational Value Systems", *Industrial Management & Data Systems*, 100 (3), pp. 114 – 118.

[61] Hambrick, D. C., Mason, P. A., 1984, "Upper Echelons: The Organization as a Reflection of Its Top Managers", *Academy of Management Review*, 9 (2), pp. 193 – 206.

[62] Hamel, G., 1998, "Opinion: Strategy Innovation and the Quest for Value", *Sloan Management Review*, 39 (2), pp. 7 – 14.

[63] Harms, R., Schiele, H., 2012, "Antecedents and Consequences of Effectuation and Causation in the International New Venture Creation Process", *Journal of International Entrepreneurship*, 10 (2), pp. 95 – 116.

[64] Hayes, A. F., 2017, *Introduction to Mediation, Moderation, and Conditional Process Analysis: A Regression-based Approach* (Guilford Publications).

[65] Heirman, A., Clarysse, B., 2004, "How and Why Do Research-

based Start-Ups Differ at Founding? A Resource-based Configurational Perspective", *The Journal of Technology Transfer*, 29 (3), pp. 247 – 268.

[66] Henfridsson, O., Nandhakumar, J., Scarbrough, H., 2018, "Recombination in the Open-Ended Value Landscape of Digital Innovation", *Information and Organization*, 28 (2), pp. 89 – 100.

[67] Ho, V. T., Pollack, J. M., 2014, "Passion isn't always a Good Thing: Examining Entrepreneurs' Network Centrality and Financial Performance with a Dualistic Model of Passion", *Journal of Management Studies*, 51 (3), pp. 433 – 459.

[68] Hull, C. E., Hung, Y. T. C., Hair, N., 2007, "Taking Advantage of Digital Opportunities: A Typology of Digital Entrepreneurship", *International Journal of Networking and Virtual Organisations*, 4 (3), pp. 290 – 303.

[69] Hu, L., Randel, A. E., 2014, "Knowledge Sharing in Teams: Social Capital, Extrinsic Incentives, and Team Innovation", *Group & Organization Management*, 39 (2), pp. 213 – 243.

[70] Itami, H., Nishino, K., 2010, "Killing Two Birds with One Stone: Profit for Now and Learning for the Future", *Long Range Planning*, 43 (2 – 3), pp. 364 – 369.

[71] Katila, R., Ahuja, G., 2002, "Something Old, Something New: A Longitudinal Study of Search Behavior and New Product Introduction", *Academy of Management Journal*, 45 (6), pp. 1183 – 1194.

[72] Khanagha, S., Volberda, H., Oshri, I., 2014, "Business Model Renewal and Ambidexterity: Structural Alteration and Strategy Formation Process During Transition to a C Loud Business Model", *R&D*

Management, 44 (3), pp. 322 – 340.

[73] Khin, S. , Ho, T. C. F. , 2019, "Digital Technology, Digital Capability and Organizational Performance", *International Journal of Innovation Science*, 11 (2), pp. 177 – 195.

[74] Kirzner, I. M. , 1997, "Entrepreneurial Discovery and the Competitive Market Process: An Austrian Approach", *Journal of Economic Literature*, 35 (1), pp. 60 – 85.

[75] Kley, F. , Lerch, C. , Dallinger, D. , 2011, "New Business Models for Electric Cars—A Holistic Approach", *Energy Policy*, 39 (6), pp. 3392 – 3403.

[76] Laskovaia, A. , Shirokova, G. , Morris, M. H. , 2017, "National Culture, Effectuation, and New Venture Performance: Global Evidence from Student Entrepreneurs", *Small Business Economics*, 49 (3), pp. 687 – 709.

[77] Levallet, N. , Chan, Y. E. , 2018, "Role of Digital Capabilities in Unleashing: The Power of Managerial Improvisation", *MIS Quarterly Executive*, 17 (1), pp. 4 – 21.

[78] Li, W. , Du, W. , Yin, J. , 2017, "Digital Entrepreneurship Ecosystem as a New Form of Organizing: The Case of Zhongguancun", *Frontiers of Business Research in China*, 11 (1), pp. 69 – 100.

[79] Lumpkin, G. T. , Lichtenstein, B. B. , 2005, "The Role of Organizational Learning in the Opportunity-recognition Process", *Entrepreneurship Theory and Practice*, 29 (4), pp. 451 – 472.

[80] Massa, L. , Tucci, C. L. , Afuah, A. , 2017, "A Critical Assessment of Business Model Research", *Academy of Management Annals*, 11 (1), pp. 73 – 104.

[81] Mauer, R. , Smit, W. , Forster, W. , 2010, "Curry in a Hurry?

A Longitudinal Study on the Acceleration of Performance Through Effectuation by Nascent Entrepreneurs (Summary)", *Frontiers of Entrepreneurship Research*, 30 (6), p. 13.

[82] McDougall, P. P., Shane, S., Oviatt, B. M., 1994, "Explaining the Formation of International New Ventures: The Limits of Theories from International Business Research", *Journal of Business Venturing*, 9 (6), pp. 469 – 487.

[83] Meuleman, M., Lepoutre, J., Tilleuil, O., 2010, "On the Use of Effectuation Versus Causation in the New Venture Creation Process: The Role of Resources Versus the Environment (Summary)", *Frontiers of Entrepreneurship Research*, 30 (6), p. 11.

[84] Mezger, F., 2014, "Toward a Capability-based Conceptualization of Business Model Innovation: Insights from an Explorative Study", *R&D Management*, 44 (5), pp. 429 – 449.

[85] Murnieks, C. Y., Mosakowski, E., Cardon, M. S., 2014, "Pathways of Passion: Identity Centrality, Passion, and Behavior Among Entrepreneurs", *Journal of Management*, 40 (6), pp. 1583 – 1606.

[86] Nambisan, S., 2017, "Digital Entrepreneurship: Toward a Digital Technology Perspective of Entrepreneurship", *Entrepreneurship Theory and Practice*, 41 (6), pp. 1029 – 1055.

[87] Nambisan, S., Wright, M., Feldman, M., 2019, "The Digital Transformation of Innovation and Entrepreneurship: Progress, Challenges and Key Themes", *Research Policy*, 48 (8), pp. 1 – 9.

[88] Nelson, R. R., Winter, S. G., 1982, *An Evolutionary Theory of Economic Change* (Harvard University Press, Cambridge).

[89] O'Connor, G. C., DeMartino, R., 2006, "Organizing for Radical Innovation: An Exploratory Study of the Structural Aspects of RI

Management Systems in Large Established Firms", *Journal of Product Innovation Management*, 23 (6), pp. 475 – 497.

[90] Osterwalder, A. , Pigneur, Y. , Tucci, C. L. , 2005, "Clarifying Business Models: Origins, Present, and Future of the Concept", *Communications of the Association for Information Systems*, 16 (1), p. 1.

[91] Pergelova, A. , Manolova, T. , Simeonova-Ganeva, R. , 2019, "Democratizing Entrepreneurship? Digital Technologies and the Internationalization of Female-led SMEs", *Journal of Small Business Management*, 57 (1), pp. 14 – 39.

[92] Perry, J. T. , Chandler, G. N. , Markova, G. , 2012, "Entrepreneurial Effectuation: A Review and Suggestions for Future Research", *Entrepreneurship Theory and Practice*, 36 (4), pp. 837 – 861.

[93] Priem, R. L. , Butler, J. E. , Li, S. , 2013, "Toward Reimagining Strategy Research: Retrospection and Prospection on the 2011 Amr Decade Award Article", *Academy of Management Review*, 38 (4), pp. 471 – 489.

[94] Ray, P. , Ray, S. , 2010, "Resource-constrained Innovation for Emerging Economies: The Case of the Indian Telecommunications Industry", *IEEE Transactions on Engineering Management*, 57 (1), pp. 144 – 156.

[95] Read, S. , Song, M. , Smit, W. , 2009, "A Meta-analytic Review of Effectuation and Venture Performance", *Journal of Business Venturing*, 24 (6), pp. 573 – 587.

[96] Renko. M. , Shrader, R. C. , Simon, M. , 2012, "Perception of Entrepreneurial Opportunity: A General Framework", *Management*

Decision, 50 (7), pp. 1233 – 1251.

[97] Ross, J. W., Beath, C. M., Goodhue, D. L., 1996, "Develop Long-term Competitiveness Through IT Assets", *Sloan Management Review*, 38 (1), pp. 31 – 42.

[98] Sanders, N. R., Premus, R., 2005, "Modeling the Relationship Between Firm Capability, Collaboration, and Performance", *Journal of Business Logistics*, 26 (1), pp. 1 – 23.

[99] Sarasvathy, S., 2001, "Causation and Effectuation: Toward a Theoretical Shift from Economic Inevitability to Entrepreneurial Contingency", *Academy of Management Review*, 26 (2), pp. 243 – 263.

[100] Sarasvathy, S. D., Dew, N., 2005, "New Market Creation Through Transformation", *Journal of Evolutionary Economics*, 15 (5), pp. 533 – 565.

[101] Schlegelmilch, B. B., Chini, T. C., 2003, "Knowledge Transfer Between Marketing Functions in Multinational Companies: A Conceptual Model", *International Business Review*, 12 (2), pp. 215 – 232.

[102] Schneckenberg, D., Velamuri, V., Comberg, C., 2019, "The Design Logic of New Business Models: Unveiling Cognitive Foundations of Managerial Reasoning", *European Management Review*, 16 (2), pp. 427 – 447.

[103] Schneider, S., Spieth, P., 2013, "Business Model Innovation: Towards an Integrated Future Research Agenda", *International Journal of Innovation Management*, 17 (1), pp. 1 – 34.

[104] Schradie, J., 2011, "The Digital Production Gap: The Digital Divide and Web 2.0 Collide", *Poetics*, 39 (2), pp. 145 – 168.

[105] Schreyögg, G., Kliesch-Eberl, M., 2007, "How Dynamic Can

Organizational Capabilities Be? Towards a Dual-process Model of Capability Dynamization", *Strategic Management Journal*, 28 (9), pp. 913 – 933.

[106] Schumpeter, J. A. , 1947, "The Creative Response in Economic History", *The Journal of Economic History*, 7 (2), pp. 149 – 159.

[107] Scuotto, V. , Morellato, M. , 2013, "Entrepreneurial Knowledge and Digital Competence: Keys for a Success of Student Entrepreneurship", *Journal of the Knowledge Economy*, 4 (3), pp. 293 – 303.

[108] Shane, S. , 2012, "Reflections on the 2010 AMR Decade Award: Delivering on the Promise of Entrepreneurship as a Field of Research", *Academy of Management Review*, 37 (I), pp. 10 – 20.

[109] Shane, S. , Venkataraman, S. , 2000, "The Promise of Entrepreneurship as a Field of Research", *Academy of Management Review*, 25 (1), pp. 217 – 226.

[110] Sinkovics, N. , Sinkovics, R. R. , Yamin, M. , 2014, "The Role of Social Value Creation in Business Model Formulation at the Bottom of the Pyramid-implications for MNEs?", *International Business Review*, 23 (4), pp. 692 – 707.

[111] Si, S. , Yu, X. B. , Wu, A. Q. , 2015, "Entrepreneurship and Poverty Reduction: A Case Study of Yiwu, China", *Asia Pacific Journal of Management*, 32 (1), pp. 119 – 143.

[112] Spieth, P. , Schneider, S. , 2016, "Business Model Innovativeness: Designing a Formative Measure for Business Model Innovation", *Journal of Business Economics*, 86 (6), pp. 671 – 696.

[113] Steininger, D. M. , 2019, "Linking Information Systems and Entrepreneurship: A Review and Agenda for IT-associated and Digital

Entrepreneurship Research", *Information Systems Journal*, 29 (2),
pp. 363 – 407.

[114] Stenholm, P. , Renko, M. , 2016, "Passionate Bricoleurs and New
Venture Survival", *Journal of Business Venturing*, 31 (5), pp. 595 –
611.

[115] Stiglitz, J. E. , 2002, "Information and the Change in the Para-
digm in Economics", *The American Economic Review*, 92 (3),
pp. 460 – 501.

[116] Tan, B. , Pan, S. L. , Lu, X. , 2015, "The Role of IS Capabil-
ities in the Development of Multi-Sided Platforms: The Digital Eco-
system Strategy of Alibaba. com", *Journal of the Association for In-
formation Systems*, 16 (4), pp. 248 – 280.

[117] Teece, D. J. , 2010, "Business Models, Business Strategy and In-
novation", *Long Range Planning*, 43 (2 – 3), pp. 172 – 194.

[118] Teece, D. J. , 2009, *Dynamic Capabilities and Strategic Manage-
ment: Organizing for Innovation and Growth* (Oxford University
Press on Demand).

[119] Teece, D. J. , 2007, "Explicating Dynamic Capabilities: The Na-
ture and Microfoundations of (Sustainable) Enterprise Performance",
Strategic Management Journal, 28 (13), pp. 1319 – 1350.

[120] Teece, D. J. , Pisano, G. , Shuen, A. , 1997, "Dynamic Capa-
bilities and Strategic Management", *Strategic Management Journal*,
18 (7), pp. 509 – 533.

[121] Teece, D. J. , Pisano, G. , 1994, "The Dynamics Capabilities of
Firms: An Introduction", *Industrial and Corporate Change*, 3 (3),
pp. 537 – 556.

[122] Thomas, L. D. , Autio, E. , Gann, D. M. , 2014, "Architectur-

al Leverage: Putting Platforms in Context", *Academy of Manage-ment Perspectives*, 28 (2), pp. 198 – 219.

[123] Vallerand, R. J. , Blanchard, C. , Mageau, G. A. , 2003, "Les Passions De l'ame: On Obsessive and Harmonious Passion", *Jour-nal of Personality and Social Psychology*, 85 (4), pp. 756 – 767.

[124] Vallerand, R. J. , Salvy, S. J. , Mageau, G. A. , 2007, "On the Role of Passion in Performance", *Journal of Personality*, 75 (3), pp. 505 – 534.

[125] Velu, C. , Jacob, A. , 2016, "Business Model Innovation and Owner-managers: The Moderating Role of Competition ", *R&D Management*, 46 (3), pp. 451 – 463.

[126] Vidal, E. , Mitchell, W. , 2013, "When Do First Entrants Be-come First Survivors?", *Long Range Planning*, 46 (4), pp. 335 – 347.

[127] Wang, C. L. , Ahmed, P. K. , 2013, "Dynamic Capabilities: A Review and Research Agenda", *International Journal of Manage-ment Reviews*, 9 (1), pp. 31 – 51.

[128] Westerman, D. , Spence, P. R. , Van Der Heide, B. , 2012, "A Social Network as Information: The Effect of System Generated Reports of Connectedness on Credibility on Twitter", *Computers in Human Behavior*, 28 (1), pp. 199 – 206.

[129] Winterhalter, S. , Wecht, C. H. , Krieg, L. , 2015, "Keeping Reins on the Sharing Economy: Strategies and Business Models for Incumbents", *Marketing Review St. Gallen*, 32 (4), pp. 32 – 39.

[130] Yin, R. K. , 2010, "Case Study Research: Design and Methods", *Journal of Advanced Nursing*, 44 (1), pp. 108 – 108.

[131] Yoo, Y. , Boland Jr, R. J. , Lyytinen, K. , 2012, "Organizing

for Innovation in the Digitized World", *Organization Science*, 23 (5), pp. 1398 – 1408.

[132] Zahra, S. A., George, G., 2002, "Absorptive Capacity: A Review, Reconceptualization, and Extension", *Academy of Management Review*, 27 (2), pp. 185 – 203.

[133] Zahra, S. A., Nambisan, S., 2012, "Entrepreneurship and Strategic Thinking in Business Ecosystems", *Business Horizons*, 55 (3), pp. 219 – 229.

[134] Zahra, S. A., Sapienza, H. J., Davidsson, P., 2006, "Entrepreneurship and Dynamic Capabilities: A Review, Model and Research Agenda", *Journal of Management Studies*, 43 (4), pp. 917 – 955.

[135] Zahra, S. A., 1996, "Technology Strategy and New Venture Performance: A Study of Corporate-sponsored and Independent Biotechnology Ventures", *Journal of Business Venturing*, 11 (4), pp. 289 – 321.

[136] Zhao, Y., Zhu, Q., 2014, "Evaluation on Crowdsourcing Research: Current Status and Future Direction", *Information Systems Frontiers*, 16 (3), pp. 417 – 434.

[137] Zollo, M., Winter, S. G., 2002, "Deliberate Learning and the Evolution of Dynamic Capabilities", *Organization Science*, 13 (3), pp. 339 – 351.

[138] Zott, C., Amit, R., 2010, "Business Model Design: An Activity System Perspective", *Long Range Planning*, 43 (2), pp. 216 – 226.

[139] 毕先萍、张琴，2012，《创业机会差异成因探析与未来研究展望——基于发现观和创造观融合的视角》，《外国经济与管理》

第 5 期。

［140］蔡莉、杨亚倩、卢珊等，2019，《数字技术对创业活动影响研究回顾与展望》，《科学学研究》第 10 期。

［141］陈卉、斯晓夫、刘婉，2019，《破坏性创新：理论、实践与中国情境》，《系统管理学报》第 6 期。

［142］陈晓萍、沈伟主编，2012，《组织与管理研究的实证方法》（第三版），北京大学出版社。

［143］郭海、韩佳平，2019，《数字化情境下开放式创新对新创企业成长的影响：商业模式创新的中介作用》，《管理评论》第 6 期。

［144］郭润萍，2016，《手段导向、知识获取与新企业创业能力的实证研究》，《管理科学》第 3 期。

［145］黄江圳、谭力文，2002，《从能力到动态能力：企业战略观的转变》，《经济管理》第 1 期。

［146］李雪灵、李玎玎、刘京、龙玉洁，2020，《创业拼凑还是效果逻辑？理论适用条件与未来展望》，《外国经济与管理》第 1 期。

［147］李扬、单标安、费宇鹏、李北伟，2021，《数字技术创业：研究主题述评与展》，《研究与发展管理》第 1 期。

［148］刘建国，2016，《商业模式创新、先动市场导向与制造业服务化转型研究》，《科技进步与对策》第 15 期。

［149］刘洋、董久钰、魏江，2020，《数字创新管理：理论框架与未来研究》，《管理世界》第 7 期。

［150］刘志阳、赵陈芳、李斌，2020，《数字社会创业：理论框架与研究展望》，《外国经济与管理》第 4 期。

［151］罗兴武、刘洋、项国鹏、宁鹏，2018，《中国转型经济情境下的商业模式创新：主题设计与量表开发》，《外国经济与管理》第 1 期。

[152] 吕力，2014，《管理案例研究的信效度分析：以 AMJ 年度最佳论文为例》，《科学学与科学技术管理》第 12 期。

[153] 毛基业、陈诚，2017，《案例研究的理论构建：艾森哈特的新洞见》，《管理世界》第 1 期。

[154] 孟晓斌、王重鸣、杨建锋，2007，《企业动态能力理论模型研究综述》，《外国经济与管理》第 10 期。

[155] 欧阳桃花，2004，《试论工商管理学科的案例研究方法》，《南开管理评论》第 2 期。

[156] 庞长伟、李垣，2016，《国内商业模式研究现状——基于 2000～2014 年 CSSCI 论文情况分析》，《华东经济管理》第 3 期。

[157] 彭秀青、蔡莉、陈娟艺、于海晶，2016，《从机会发现到机会创造：创业企业的战略选择》，《管理学报》第 9 期。

[158] 戚聿东、肖旭，2020，《数字经济时代的企业管理变革》，《管理世界》第 6 期。

[159] 秦剑，2011，《基于效果推理理论的创业实证研究及量表开发前沿探析与未来展望》，《外国经济与管理》第 6 期。

[160] 苏敬勤、李召敏，2011，《案例研究方法的运用模式及其关键指标》，《管理学报》第 3 期。

[161] 王雪冬、董大海，2013，《商业模式创新概念研究述评与展望》，《外国经济与管理》第 11 期。

[162] 王佑镁、杨晓兰、胡玮等，2013，《从数字素养到数字能力：概念流变、构成要素与整合模型》，《远程教育杂志》第 3 期。

[163] 吴明隆，2009，《结构方程模型：AMOS 的操作与应用》，重庆大学出版社。

[164] 吴晓波、赵子溢，2017，《商业模式创新的前因问题：研究综述与展望》，《外国经济与管理》第 1 期。

[165] 项国鹏、杨卓、罗兴武，2014，《价值创造视角下的商业模式

研究回顾与理论框架构建——基于扎根思想的编码与提炼》，《外国经济与管理》第 6 期。

[166] 肖红军、阳镇，2020，《可持续性商业模式创新：研究回顾与展望》，《外国经济与管理》第 9 期。

[167] 谢雅萍、陈小燕，2014，《创业激情研究现状探析与未来展望》，《外国经济与管理》第 5 期。

[168] 杨俊、张玉利、韩炜、叶文平，2020，《高管团队能通过商业模式创新塑造新企业竞争优势吗？——基于 CPSED Ⅱ 数据库的实证研究》，《管理世界》第 7 期。

[169] 杨俊，2013，《新世纪创业研究进展与启示探析》，《外国经济与管理》第 1 期。

[170] 于晓宇、陶奕达，2018，《效果推理研究前沿探析与未来展望》，《预测》第 6 期。

[171] 余江、陈凤、王腾，2020，《数字创新引领产业高质量发展的机制研究》，《创新科技》第 1 期。

[172] 余江、孟庆时、张越等，2017，《数字创新：创新研究新视角的探索及启示》，《科学学研究》第 7 期。

[173] 余江、孟庆时、张越等，2018，《数字创业：数字化时代创业理论和实践的新趋势》，《科学学研究》第 10 期。

[174] 云乐鑫、薛红志、杨俊，2013，《创业企业商业模式调整研究述评与展望》，《外国经济与管理》第 11 期。

[175] 张永强、周生辉，2017，《动态环境下的动态商业模式探讨》，《信息系统工程》第 1 期。

[176] 张玉利、杨俊、于晓宇等，2018，《创业研究经典文献评述》，机械工业出版社。

[177] 张玉利、赵都敏，2009，《手段导向理性的创业行为与绩效关系》，《系统管理学报》第 6 期。

［178］赵向阳，2013，《成功创业者怎么想》，《清华管理评论》第 4 期。

［179］朱秀梅、董钊，2021，《精益创业对创业拼凑的影响研究》，《科学学研究》第 2 期。

［180］朱秀梅、刘月、陈海涛，2020，《数字创业：要素及内核生成机制研究》，《外国经济与管理》第 4 期。

［181］庄彩云、陈国宏、梁娟等，2020，《互联网能力、双元战略柔性与知识创造绩效》，《科学学研究》第 10 期。

图书在版编目（CIP）数据

新创企业数字能力与商业模式创新／董钊著. –– 北
京：社会科学文献出版社，2023.5
ISBN 978 - 7 - 5228 - 1488 - 9

Ⅰ.①新⋯　Ⅱ.①董⋯　Ⅲ.①数字技术 – 应用 – 企业
管理 – 商业模式 – 研究　Ⅳ.①F272.7

中国国家版本馆 CIP 数据核字（2023）第 039230 号

新创企业数字能力与商业模式创新

著　　者／董　钊

出 版 人／王利民
组稿编辑／高　雁
责任编辑／颜林柯
责任印制／王京美

出　　版／社会科学文献出版社·经济与管理分社（010）59367226
　　　　　地址：北京市北三环中路甲 29 号院华龙大厦　邮编：100029
　　　　　网址：www. ssap. com. cn
发　　行／社会科学文献出版社（010）59367028
印　　装／三河市尚艺印装有限公司

规　　格／开　本：787mm × 1092mm　1/16
　　　　　印　张：11.5　字　数：153 千字
版　　次／2023 年 5 月第 1 版　2023 年 5 月第 1 次印刷
书　　号／ISBN 978 - 7 - 5228 - 1488 - 9
定　　价／98.00 元

读者服务电话：4008918866